조선
왕조
실톡

조선왕조실톡

2

조선 패밀리의 활극

| 무적핑크 지음 · YLAB 기획 · 이한 해설 |

위즈덤하우스

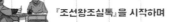

위대한『조선왕조실록』

― 이한

『조선왕조실록』은 유네스코가 지정한 세계기록유산이다. 세계가 인정할 만큼 훌륭하다는 뜻일 텐데, 사실 그 훌륭함이 그다지 피부에 와 닿지는 않는다. 집 앞에 있는 식당이 유명한 맛집이라고 해도 언제나 가까이 있었기 때문에 별다른 감상을 느끼지 못하는 것처럼 말이다.

한국은 기록의 역사가 깊은 나라가 아니다. 삼국시대 각 나라가 자신들의 역사서를 만들었다고는 하나 지금까지 전해지는 게 없고, 고려 때 쓰인 『삼국사기』는 솔직히 평가해 단출하다. 『고려사』는 그나마 공정한 역사를 적겠다는 세종의 집념 덕분에 수십 년이 걸려 완성되긴 했지만『조선왕조실록』의 박력에 비하면 소박하다.

『조선왕조실록』은 일단 분량부터 압도적이다. 태조에서 철종까지, 25대 임금이 다스린 472년 동안의 기록이다. 고종과 순종을 합치면 더 길어지지만, 이 둘의『실록』은 정리된 때가 일제강점기라는 이유로『실록』으로 인정하지 않아야 한다는 주장도 있다. 권수로 따지자면 1,893권. 한국뿐만 아니라 전 세계를 뒤져도 이렇게 길고 흥미진진한 역사 기록을 찾기는 쉽지 않다.

대부분의 역사책들이 역사적 사건의 요약본이라면, 『조선왕조실록』은 실황 중계이자 녹취록이다. 왕, 신하, 사건이 있으며 이들이 서로 주고받는 대화를 몹시 생생하게 적고 있다.『실록』을 읽고 있노라면 그 안의 내용이 수백 년 전의 일이 아니라 바로 눈앞에서 펼쳐지는 듯 생생하다. 한 문제에 대해 말하는 사람, 수긍하는 사람, 반대하는 사람이 각각 존재한다. 날짜가 지나며 사건이 커지기도 하고 엉뚱하게 번지기도 하며 어떤 경우에는 묻혔다가 갑자기 툭 튀어나오기도 한다. 힘없는 백성들의 일도 실려 있으며 때로는 각 지역의 특산물과 지리까지 기록되어 있다. 수많은 결의 파도가 넘실대는 바다라고나 할까? 너무도 방대하여 읽다 보면 때로는 길을 잃어버리기도 하고, 이것과 저것을 분간하기 어려워질 때도 있지만 그렇기에 너무도 많은 진실을 담고 있는 바다이다.

이런 『실록』을 만들어내기 위해 조선 사람들은 엄청난 공을 들였다. 먼저 사초를 작성하는 것부터 시작한다. **사관은 언제 어디서나 보통 두 사람이었는데, 한 사람의 기억력은 불완전하기도 하며 개인의 사관이나 정치적 의견 때문에 기록을 곡해할 가능성이 있었기 때문이다. 그렇게 정리한 사초들을 '임금도 못 보게' 비밀리에 보관해 두었다가 왕이 죽고 나면 본격적인 정리에 들어갔다.** 실록청이 만들어지고, 정승이 총재를 맡으며 대제학을 비롯한 당대의 글 잘 쓰는 사람들이 모두 모여들어 편수관이 되었다. 기존의 사초는 물론이거니와 『승정원일기』, 경연의 기록을 더하고, 여기에다가 개인의 문집까지 모두 긁어와 비교하고 궁리하고 정리한 끝에 『실록』이 만들어졌으니 어마한 규모의 작업이었다.

『실록』 정리에 참여하는 것은 고되긴 했어도 굉장히 영광스러운 일이었고, 실제 편수관에 참여한 사람들 중에는 지금까지도 유명한 사람들이 꽤 많다. 그래서 『실록』에는 더욱 큰 권위가 생겼고 사관들은 긍지와 고집, 신념을 품고 자신의 일에 몸을 던질 수 있었으며 조선은 훌륭한 역사 기록을 가지게 되었다.

이렇게 심혈을 기울였어도 사람이 하는 일이다 보니 문제가 생길 때도 있었다. 이를테면 『선조실록』은 북인 정권인 광해군 때 만들어졌기에 남인과 서인에게 적대적이다. 그 정도가 너무 심했기에 광해군이 몰락한 뒤 새로 정리되었으니 이것이 『선조수정실록』이다. 여기서 주목해야 할 점은 공정성에 문제가 생긴 기록이라 해서 이전 것을 깡그리 없애지 않고 고스란히 남겨 두었다는 점이다. 그래서 후대의 연구자들은 고치기 전의 것과 고친 후의 것이 어떻게 다른지를 살펴볼 수 있었고, 이런 과정을 통해 그 시대를 더 깊이 이해할 수 있게 되었다. 무엇보다도 『실록』이 있기에 지금 이 책도 나올 수 있게 되었으니, 이 얼마나 고마운 일인가.

『선조실록』과『선조수정실록』

— 이한

『조선왕조실록』은 자세하고 공정하며 엄격한 역사의 기록이라는 이미지가 강하다. 그러나 『선조실록』에는 특별한 점이 있다. 그냥 『선조실록』과 『선조수정실록』이 따로 있다는 것이다. 이는 말 그대로 『선조실록』을 수정했다는 뜻이다. 어쩌다가 하나뿐인 기록이어야 할 '실록'을 수정하게 되었을까?

계기는 인조반정이었다. 본래 『실록』은 왕이 죽은 뒤에 쓰게 되어 있다. 살아 있는 동안 기록, 즉 사초는 작성되지만 이것을 종합·정리하고 판단을 내리는 것은 죽은 다음이었다. 살아 있는 권력이 역사적인 판단을 뒤흔드는 것을 경계하기 위해서였다. 그러니 『선조실록』 역시 선조 다음 왕인 광해군 때 쓰였다. 그런데 광해군의 시대는 북인, 그중에서도 대북이 정권을 잡고 있을 때였다. 『선조실록』을 정리할 때도 대북 사람들이 많이 참여했고, 그 결과 『선조실록』은 대북의 활약상을 돋보이게 하고 대북이 아닌 사람들을 대거 비하하는 방향으로 편집되었다. 그 정도가 몹시 지나쳐 대북 이외의 사람들에 대한 평가는 원색적인 비난에 가까웠다. 일단 역사적인 사실을 적고, 이어 "사관이 말한다"는 명분 아래 그 사람의 악평을 구구절절 적어 넣는 식이었다.

『선조실록』에서 크게 비난받은 대표적인 인물을 꼽자면 오성 이항복이 있다. 하필 왜? 그는 당파 싸움의 한복판에서도 이렇다 할 당파가 없는 것으로 유명한 사람이었다. 그랬건만 『선조실록』에서 그는 엄청난 포화를 맞고 있으니, 실없는 농담만 늘어놓고 아무 일도 하지 않은 무능하고 나쁜 놈이라는 결론을 내리고 있다. 이항복은 임진왜란 당시 병조판서로서 적지 않은 활약을 했지만 광해군 시절에는 정승이면서도 영창대군의 처형이나 인목대비의 폐비를 반대했기에 대북의 미움을 톡톡히 샀다. 그런 제반 상황을 고려하고 보아도 『실록』의 사평은 너무하다는 생각이 들 정도이다.

이런 각박한 평가를 받은 것은 한두 명이 아니었다. 기축옥사 때문에 동인(이자 북인)들의 원한을 톡톡히 샀던 정철은 아예 이름도 제대로 기재하지 않고 독철이니 흉철이니 비꿈을 당하며 욕을 먹고 있다. 임진왜란 때 재상으로 활약했던 유성룡도 몹시 각박한 평가를 받았다. 그의 당파가 남인이었던 탓이다. 반면 대북 사람들에게는 지나치다 싶을 정도의 칭찬이 덧붙여졌다. 정인홍이나 이이첨의 경우에는 다시없는 선비이며 아름다운 향기가 난다는, 보는 사람이 낯 뜨거워지는 찬사가 거듭 이어지고 있다.

공정한 척이라도 해야 할 『실록』에서마저 이토록 노골적으로 편파적인 이야기를 늘어놓을 수 있었던 광해군 시절의 조정이란 도대체 얼마나 살벌하고 혼란스러운 곳이었을까? 대북이 아니면 살아남을 수조차 없는 지경이었을 테니 반정이 일어난 이유도 이해할 만하다.

결국 인조가 즉위한 뒤 광해군 시대의 역사는 실록이 아닌 『광해군일기』로 정리되었고, 동시에 『선조실록』 또한 대폭 고쳐 『선조수정실록』으로 새로 엮었다. 잘 알려진 대로 반정을 일으킨 주축은 서인들이었는데 그러다 보니 『수정실록』 역시 서인들 중심으로 쓰인 감이 없지 않다(남인들은 여전히 찬밥 신세이다). 그래도 원색적인 비난은 줄어들었다. 가장 놀랍고도 고마운 일은 기존의 『선조실록』을 없애지 않고 그대로 남겨 두었다는 점이다. 덕분에 후세의 사람들은 원 실록과 수정된 실록을 직접 비교해 무엇이 달라졌으며 어디에서 생각이 갈라지는지를 확인하고 스스로 생각하여 역사적 순간과 전체적 흐름을 판단할 수 있게 되었다.

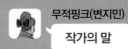

무적핑크(변지민)
작가의 말

무적핑크(변지민)

안녕하세요, 무적핑크입니다.
웹툰에 이어 책으로, 1권 〈조선 패밀리의 탄생〉에 이어 2권 〈조선 패밀리의 활극〉으로 다시 뵙게 되어 정말 기쁩니다.
1권에서는 조선이 건국되는 과정과 왕좌를 차지하기 위해 가족끼리 벌인 다툼을 다루었습니다. 아빠와 아들, 형과 동생, 조카와 삼촌이 작은 전쟁을 벌여가며 200년 가까이 엎치락뒤치락 했는데요. 1권의 핵심 키워드가 '혁명'이었다면, 『조선왕조실톡』 2권의 핵심 키워드는 '안정'입니다. 조선이라는 나라가 이제 제 꼴을 갖추었으니, 왕들에게도 나라가 흔들릴 일 없도록 살뜰히 이끌어 나가야 할 임무가 주어진 것이지요.
그러나 파도치지 않는 물은 썩는 법. 안정기에 접어든 조선에는 권력층의 부패와 백성들의 경제적 몰락, 정치적 다툼이라는 새로운 문제가 나타났고, 그것이 산성비처럼 조선의 경제와 사회, 국방을 서서히 부식시켰습니다. 거기에 대륙으로 진출하려는 옆나라 왜(일본)의 야욕까지 더해져, 조선왕조는 '임진왜란'이라는 거대한 파도에 휩쓸리고 맙니다.
가족의 사랑이 진가를 발휘하는 것은 집에 큰 어려움이 닥쳐왔을 때라고 합니다. 과연 조선의 왕실 패밀리들은 이 크나큰 시련을 어떻게 헤쳐 나갈까요? 그리고 고난이 끝났을 즈음, 패밀리들의 관계는 더욱 돈독해질까요? 아니면, 고통에 지쳐 서로를 미워하게 될까요?
네이버에서 연재 중인 〈조선왕조실톡〉은 옴니버스 웹툰이지만, 이 책에서는 읽는 분들의 편의를 위해 원고를 시대순으로 재정리했습니다. 그리고 왕 27명을 테마별로 묶어 가족 시트콤으로 만들었습니다. 무미건조한 "태정태세문단세……"가 아닌, 아빠와 아들, 삼촌과 조카로서 살아간 조선 왕들의 일상을 생생히 엿보시기 바랍니다. 또한 만화에 곁들여진 멋진 글이 여러분께 재미는 물론 알찬 지식도 선물해 드릴 것입니다. 이 책과 이 책 속의 사람들이, 여러분의 좋은 친구가 되기를 바랍니다.
즐거운 대화 시간 가지세요.

P.S. 묘호는 왕이 승하한 후 붙이는 이름이지만, 책에서는 편의상 서로 묘호로 부릅니다. (예:세종, 태종)

차 례

1부
중종 – 인종 – 명종

2부
선조 - 광해군

인생 살다 보면
별일이 다 일어난다.

그러니까 이런 일도
일어날 수 있다고 생각한다.

어느 날 갑자기
모르는 사람이 나를 친추했다.
구 가

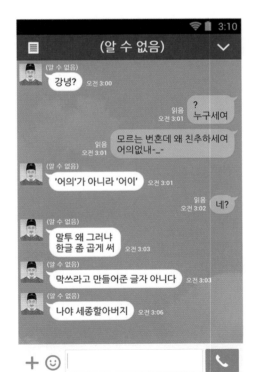

그리고 갑자기 쏟아지는
친구신청 알람.

놀라서 친구목록을 확인한 나는,
더욱 놀랐다.

	오후 9:17	
편집	친구	👥+

Q 검색

프로필

나   심심하당/고양이 짱좋와

친구

태조   조선 스타트업/방원이 간나자식

세종   백성 ♥/한글패치 배포중/고기팟 모집중

양녕대군   자유롭고싶다

황희   쉬고싶다ㅠ

연산군   녹수 넌 내편이지?

이순신   왜적 잡기보다...사회생활이 더 힘들다...

영조   아들 없어요

고종   커피 한잔의 여유

순종   미안합니다

어느 날 갑자기 메신저로 찾아온,

조선시대 그분들의
시시콜콜한 이야기

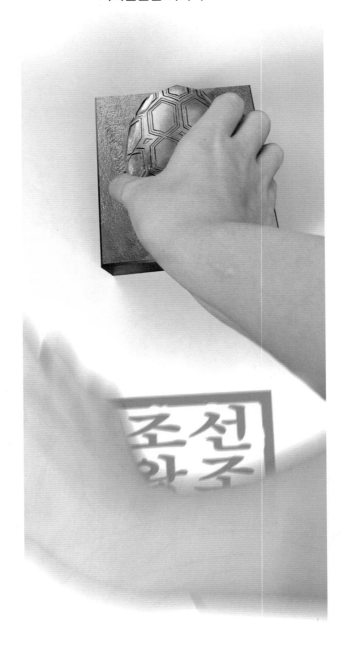

시
작
합
니
다.

1부

사화 패밀리

중종 1506~1544년 재위

인종 1544~1545년 재위

명종 1545~1567년 재위

01 눈치게임 중종반정

♥ 연산사랑 ♥ 구수영

♥ 연산사랑 ♥ 유순

외 연산군 빠돌이 다수

하나요 연산군 팬클럽

1506년,
연산군 재위 말기.
민심은 험할 대로 험했다.

죽여라!

폭군!

하지만,
위기를 기회로 삼는
얍실한 위인들도 있었으니.

18
∨
19

둘이요
눈치게임!!

그러나 부귀영화는
길지 않았다.

♥연산군을 연모하는 모임♥

큰일났습니다ㅠㅠㅠ

조만간 반정 일으켜서
연ㅅㅏㄴㅇ군 몰아낸ㅈ답니다

♥연산사랑♥ 유순
헐???;;;;반정이면 반역???;;;;;;

누가;;;;;?????

누구라 할것도 없대요ㅠㅠ
똑똑하다 싶은 애들은 죄다
준비 들어갔답니다

우리도 가만두지 않겠대요ㅠㅠㅠㅠㅠ

♥연산사랑♥ 구수영
비가...오면...피해야지
맞는...넘이...바보ㅜㅜ

♥연산사랑♥ 유순
ㅇㅇ나도 살려고 그런거지;;;;;

우린 너무 대놓고 빨았잖습니까ㅠ!!!

ㅠㅠ지금 완전
시한폭탄 터지기 직전이랍니다

성균관 동기놈
너 진짜 몰랐나;;;;?

다들 벌써 시동 걸었어;;;
1등으로 연산군 잡아야
공이 더 클거 아냐;;;

나 어캄ㅠㅠ??

차라리 우리도 끼워달라 그러죠ㅠ!

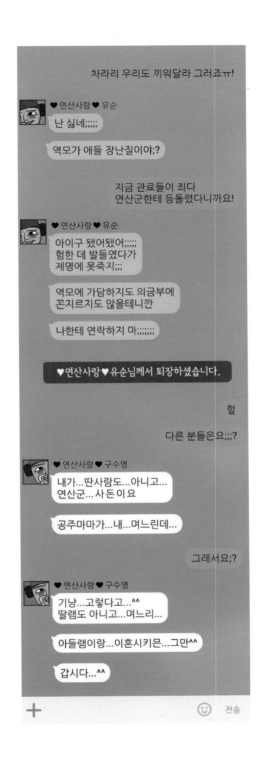

❤연산사랑❤ 유순

난 싫네;;;;;

역모가 애들 장난질이야;?

지금 관료들이 죄다
연산군한테 등돌렸다니까요!

❤연산사랑❤ 유순

아이구 됐어됐어;;;;;
험한 데 발들였다가
제명에 못죽지;;;

역모에 가담하지도 의금부에
꼰지르지도 않을테니깐

나한테 연락하지 마;;;;;;

❤연산사랑❤ 유순님께서 퇴장하셨습니다.

헐

다른 분들은요;;;?

❤연산사랑❤ 구수영

내가...딴사람도...아니고...
연산군... 사돈 이요

공주마마가...내...며느린데...

그래서요;?

❤연산사랑❤ 구수영

기냥...그렇다고...^^
딸램도 아니고...며느리...

아들램이랑...이혼시키믄...그만^^

갑시다...^^

+   ☺   전송

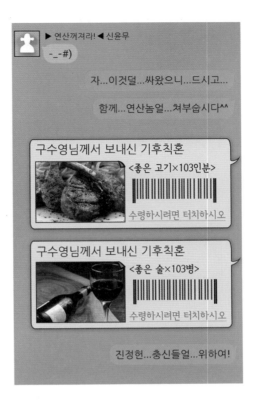

반정군은 하루아침에
연산군을 몰아냈다.

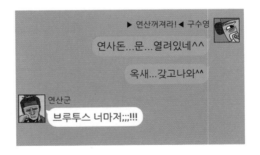

내시들마저 임금을 버리고
도망갔기 때문이다.

새로 즉위한 중종은
반정군을 공신으로 임명했는데,

1조 반정군 팀플

「~중종반정~
연산군 몰아내기」

조장 : 박원종
부조장 : 성희안,유순정

어중이떠중이가
얼마나 많았는지

조원 : 유자광
신윤무
박영문
장정
홍경주
이효성
심순경
변수
최한홍
윤형로
조계상

숨어있었음 ─── 유순
김수동
연산군 베프 ── 김감
이계
이계남
연산군 사돈 ── 구수영
이활
김수경 ── 동생
심형
부조장네 ┐ 황탄
매부 ┘ 신수린
유계종
윤사정
이심
이식
민회발
민회창
허상
장온
구현휘

그 외
구경나온 자,
숨어있던 자,
등등
…

백수장
.
.
채수 외 103인

으르릉

태반이
프리라이더였다.

얘네는 세금도 안 내는데!
(짜증)

쟨 누구야?

조광조.

정사 正史

실록에 기록된 것

- 연산군에게 미움받아 유배 갔던 장수 이장곤이 탈출해 반정을 일으킬 거란 소문 돌다. 공을 빼앗기지 않고자 박원종, 성희안, 유순정 등이 반정 계획 세우다.
- 구수영, 김수동, 김감 등 연산군을 가까이서 모시던 자들 반정군에 가담하다. 구수영이 갑자기 친근한 척 반정군 사이에 끼자 장수들, 의아하게 쳐다보다.
- 연산군, 순식간에 제압당하다. 궁인들 수챗구멍 등으로 도망치다.
- 중종, 별 공도 없는 자들마저 반정공신에 임명하다.
  정국 안정을 위해?

픽션

기록에 없는 것

- 연산군의 사돈이 음식으로 환심을 샀다는 이야기는 야사다.

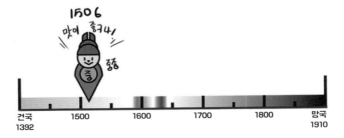

1506
막이 좋카시
중종

건국
1392
1500
1600
1700
1800
망국
1910

- 첫 번째 이야기 -
치마바위의 슬픈 진실

자고 일어나 보니 나라의 왕이 되어 있더라. 1506년(중종 1) 9월 2일, 진성대군에게 벌어진 일이었다. 반정은 조선 500년 역사 중에서 딱 두 번 있었는데 중종반정과 인조반정이다. 인조는 그나마 직접 군사를 이끌 정도로 적극적이었지만 중종은 정말 날벼락처럼 왕이 되었다. 문제는 그의 아내 신씨였다. 신씨의 아버지는 연산군의 측근 신수근이었고, 고모는 연산군의 왕비였다. 게다가 신수근은 반정 계획을 알았지만 연산군(정확히는 총명했던 연산군의 아들)을 지지했고 결국 반정 당일 맞아 죽었다. 아버지가 죽은 날 신씨는 왕비가 되었다. 딱 일주일 동안만 말이다. 반정공신들은 죄인의 딸을 국모로 받들 수 없다고 주장했고, 중종은 여기에 따랐다.

바로 그 날 저녁으로 신씨는 궁궐에서 쫓겨났고 그 다음날 새로운 중전을 뽑기 위한 간택령이 내려졌다. 새로이 중전이 된 이는 윤여필의 딸인 장경왕후 윤씨였다. 그녀의 외삼촌은 반정공신인 박원종이었으니 결국 모든 것은 새 중전으로 자신의 일가붙이를 꽂아 넣으려는 공신들의 욕심 때문에 일어난 일이었다. 자연스럽게 애틋한 전설이 이어진다. 눈물과 함께 쫓겨나는 신씨, 어쩔 수 없이 부인을 보내는 중종. 신씨는 자신의 붉은 치마를 바위에 걸어 머나먼 궁궐에도 보일 수 있게 했고, 중종은 먼발치에서 그 치마를 바라보며 평생 아내를 그리워했다고 하니 이것이 치마바위의 전설이다.

그러나 실제로는 어림없는 이야기다. 세월이 흘러 중종 10년, 장경왕후는 훗날 인종이 되는 원자를 낳고 엿새 만에 세상을 떠나고 말았다. 국모의 자리가 비자 담양 부사 박상 등이 신씨를 다시 중전으로 복위하자는 상소를 올린다. 신씨에게는 아무 잘못도 없고, 오히려 반정공신들이 잘못한 것이니 지금이라도 복위시키자는 이야기였다.

이 상소를 받은 중종은 기뻐했을까? 천만의 말씀. 오히려 펄펄 뛰면서 왜 이런 글을 미리 검사도 하지 않고 자신에게 올렸냐며 벌컥 화를 냈다. 그리곤 신씨를 쫓아낸 것은 어디까지나 '국론'이었다며 비공식 성명서를 내기까지 했다. 실록을 적던 사관들이 "옳은 말 했는데 왜 저래?" 하며 혀를 찰 정도였다.

사실 신씨가 복위된다면 여러 문제가 생길 수는 있었다. 장경왕후 소생의 원자는 아직 갓난아기였고, 만약 신씨가 돌아오게 된다면 항렬도 꼬이게 되거니와 그녀를 한 번 쫓아냈던 반정공신들로서는 후환이 두려울 수밖에 없었다. 하지만 그런 문제들보다도 중종에게 옛 부인을 다시 보고 싶은 의지가 별로 없었다는 것이 신씨의 복위를 막는 가장 큰 이유였다. 힘이 없어서도 공신들의 눈치가 보여서도 아니었다. 왕이 된 지도 10년. 어느 정도 지반도 다졌고 반정공신들의 위세는 한풀 꺾인 상태였다. 중종이 조광조를 죽이기 위해 보여줬던 불굴의 의지를 10퍼센트라도 발휘했다면 신씨는 남편의 곁으로 돌아오고도 남았을 것이다. 그러나 중종은 하지 않았다.

이후로는 알려진 대로이다. 중종은 신씨의 복위를 주장한 신하들을 싹 귀양 보내고 문정왕후 윤씨를 세 번째 중전으로 맞이했다. 원자는 무럭무럭 자라 세자로 책봉되었고, 문정왕후는 경원대군(훗날의 명종)을 낳았으며 신씨가 돌아올 자리는 없어졌다. 홀로 된 신씨는 옛날 남편이랑 살던 어의동의 집에서 살았는데, 어느 때는 도둑이 들 정도로 초라한 삶이었다.

그런데 1544년(중종 39), 폐비 신씨가 궁궐에 들어왔다는 소문이 퍼졌다. 이때 중종은 병으로 죽어가고 있었는데 신씨를 만나고 싶어 몰래 불러들였다는 소문이었다. 마지막 로맨스의 기운이 느껴지는 이야기지만 실록의 사관은 '헛소문'이라고 딱 잘라 말했다. 임금의 병을 낫게 하는 기도를 하려고 여승들을 불러들인 것이 엉뚱한 소문으로 퍼졌다는 것이다. 사람들은 아무래도 중종이 이루지 못한 사랑으로 슬퍼하는 순정남이기를 기대했던 것 같다. 기대와는 달리 중종의 로맨스는 처음부터 싹수가 노랬다. 결국 죽는 날까지 버림받았던 신씨는 영조 때에 이르러 복위가 되어 시호를 받으니, 바로 단경왕후端敬王后이다.

자다가 로또 맞았다는
사람들의 이야기를 종종 듣는다.

아침에 일어났더니,
큰 집도, 비싼 차도 살 수 있는
부자가 되어 있더란 것이다.

부러워?

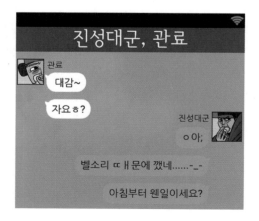

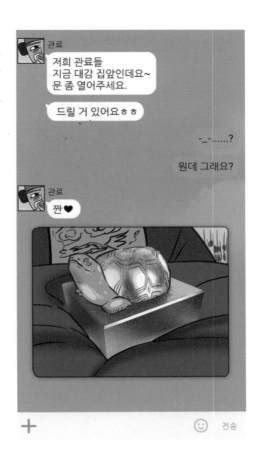

나는, 자고 일어나 보니
왕이 되어 있었다!

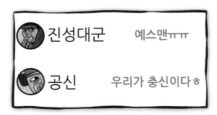

나, 진성대군(19세)은
연산군의 배다른 동생.

열세 살 연산군과 한 살 진성대군.
진성대군 친엄마 정현왕후.

연산군의 새엄마 정현왕후는 그를 친아들처럼 보듬었다.

여태 꿈속인가 싶었다.
형님의 국새를……
왜 이 자가 갖고 있지?

> 관료들이 간밤에
> 폭군 연산군을 쫓아냈습니다!

> 자자! 얼굴에 물 묻혀서
> 눈곱만 후딱 떼시고,
> 빨리 저희랑 궁궐로ㄱㄱㅋ

정말로 밖에 군사가 빼곡했다.
하룻밤 새 세상이 뒤집힌 것이다.

어버버, 하는 사이,
나는 궁궐로 끌려…… 아니,
뫼셔졌다.

그리고, 내가 왕이,
된 것 같다?

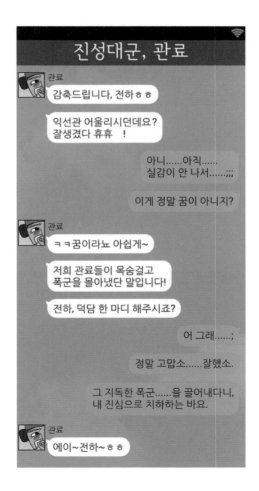

위엄있게 잘하시긴 했는데
센스가 부족하시다~
궁궐생활 처음이시라 모르시는구나?

센스?

관료
정성을 담아주셔야죠!

정.성 ♥

중종

반정을 일으킨 관료들을
공신으로 봉하고,

노비, 은, 비단, 말,
땅 수십 만 평을 내린다.

그리고 공신의 자식들은
공무원으로 특별채용한다......

그뿐인가?

중종, 시어머니

공신
전하, 나랏일은 뭐든
저희들과 상의하신 후에
처리하셔야겠쬬?

ㅇㅇ

공신
전하, 흉년이 들어도
저희 재산은 건드리시면 안되겠쬬?

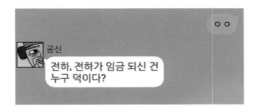

공신
전하, 전하가 임금 되신 건
누구 덕이다?

시집살이가 따로 없었다!
간혹 너무 빡쳐서
"No"라고 대답하기라도 하면,

**꺄악! 연산군 주니어가
되려고 하셔!!!**

어쩌겠나? -_-
'중종반정'이었건만,
중종이 한 일이 없는걸.

더럽고 치사해도,
같이 잘 해나가야지.

기왕 왕 된 거,
나도 잘 하고 싶으니까…….

공신전을 줄이자니
말이 됩니까!

거기 연산군이 흘린 거
잘 닦으세요! 빡빡!

아오씨!

셋이요

백마탄 왕자님

3년 뒤.

5년 뒤.

아오씨!

어떻게 된 거야?
왜 여전히 공신 세상이지?

궁궐 물도 먹을 만큼 먹었는데!

다그닥...

다그닥...

"이게 전하께서 떨어뜨리신
군주의 위엄입니까?"

"마, 맞다. 넌 누구냐?"

"궁궐 견학 온 성균관
학생이지요……."

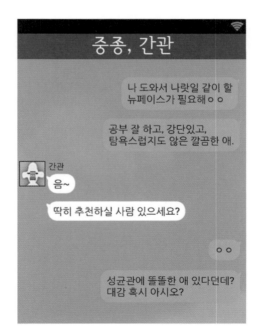

조광조, 성균관 대표로 중종 앞에서
훌륭한 군주가 되는 비법 발표하다.
중종, 조광조에게 반하다.

개혁의 파트너로 조광조 택하다.

그리하였다고
한다.

끝.

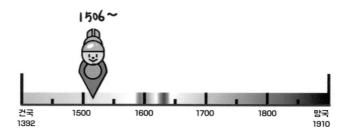

정사 正史

실록에 기록된 것

- 반정군, 새벽에 군사 일으켜 연산군 몰아내다(중종반정).
- 아침에 진성대군을 왕으로 옹립하다. 진성대군, 부지불식간에 왕이
  되다.
- 역대 최대 규모의 공신 책정 이루어지다. 공이 없는 사람들조차 뇌물
  로 공신이 되다. (1화 참조)
- 간관들, "공신들 때문에 허리가 휜다" 간언하다. 그러나 정치적 기반이
  없던 중종, "그들 덕분에 큰일을 해냈으니 더는 말 말라"며 늘 감싸다.
- 대신들, 흥청 없애기, 언론 살리기 등 연산군의 흔적 지우려 애쓰다.
- 성균관 대표로 궁궐에 온 조광조, 군자의 바른 몸가짐을 담은 『중용』을
  중종에게 강하다.

픽션

기록에 없는 것

- 조광조는 말 타고 나타나지 않았다.

1506~

건국 1392 | 1500 | 1600 | 1700 | 1800 | 망국 1910

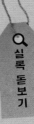

- 두 번째 이야기 -

중종이라는 임금

중종은 성종의 아들이었다. 성종은 잘 알려진 대로 성군이 되기 위해 자신의 모든 취미생활을 포기하고 극한의 스트레스를 받다가 단명한 비운의 임금이다. 무엇 하나 마음대로 하지 못했던 성종에게 유일하게 허락되었던 취미생활은 여색뿐이었다. 성종은 조선왕조에서도 탑을 달릴 만큼 자식을 많이 둔 사람으로 일찍 죽은 자식들을 합치면 아들 19명, 딸 15명을 두었다. 자식이 많았던 임금이라고 하면 세종부터 떠오르겠지만 세종은 정비 소헌왕후 사이에서 10명, 신빈 김씨 사이에서 8명의 자식을 보았던 선택 집중형이었던 데 비해 성종은 비빈만 12명을 두었고 아이도 12명의 비빈에게서 고루 보았다.

그중 중종은 정현왕후 윤씨의 소생으로 연산군을 제외하고 단 하나뿐인 적장자였지만 그보다 나이 많은 서자 형님들이 6명이나 있었다. 그러나 성종 때『경국대전』이 만들어지며 서얼의 차별이 뚜렷해졌다. 연산군을 쫓아낸 공신들이 다음 왕으로 중종을 추대한 이유는 실력이나 덕목, 정치적 야심과는 아무 상관없이 그저 적장자라는 이유 하나뿐이었다. 아닌 밤중에 날벼락처럼 임금이 된 중종의 왕권은 몹시 연약했고, 중종도 그걸 모를 만큼 어리석진 않았다. 그래서 즉위 초기의 중종은 공신들에게 찍 소리도 못하는 허울 좋은 왕이었다.

준비되지 않은 왕 노릇은 아주 고단했을 것이다. 원래 중종은 연산군보다 열두 살이나 아래였고, 특출한 점도 없었으며, 주변을 둘러싼 공신들은 한때 연산군 앞에서 껌뻑 죽어가며 아부를 떨던 사람들이었다. 어떻게 그들을 믿을 수 있었겠는가? 하지만 그것도 계속되지는 않았다. 대략 10년쯤 지나자 반정공신들은 차츰 늙거나 죽었고, 중종의 권한이 강해질 기회가 찾아왔다. 그때 중종은 조광조 및 사림들을 등용했지만 그 결과는 기묘사화로 끝났다.

이후로도 중종의 치세는 그렇게 평안하진 않았다. 왜구가 쳐들어오기도 하고, 후대의 권력을 놓고 벌어진 궁중 안의 싸움은 더욱 치열해졌다. 조광조 이후에는 사돈 김안로를 신임해 그의 세력이 커졌는데, 그 결과로 중종은 후궁인 경빈 박씨와 큰아들 복성군을 죽여야 했다. 이런저런 허물을 씌워 김안로도 제거해버렸지만 이후에는 후비 문정왕후의 외척인 윤씨들이 대놓고 싸움을 벌였고 이 싸움은 아들 세대로까지 이어져 많은 피해를 주게 된다.

여기서 중요한 것은 중종은 결국 아무것도 손해 보지 않았다는 점이다. 그는 아내 신씨를 버렸고, 간을 빼 줄 것같이 신임하던 조광조도 내팽개쳤다. 한때 사랑했던 경빈과 아들 복성군도 죽였다. 김안로는 그의 자식이 결혼하던 날을 노려 제거해버렸다. 그러면서도 자신은 죽을 때까지 조선의 임금으로 살았으니, 조정에 갈등이 생길 때마다 타인을 희생시켜가며 책임을 회피했다고 볼 수 있다. 이 얼마나 이기적인가?

이런 비정한 면과는 별개로 중종은 자식들을 유난히 아꼈던 아버지로 유명했고 백성들에게 자상했으며 나름 사회 현안에도 신경을 쓰며 살았던, 최소한 연산군보다는 좋은 임금이었다. 그래서 주변 사람들을 가차 없이 희생시킨 부분은 그의 전체적인 이미지와 모순을 빚는다. 이런 모순이 생기는 이유는 중종에게 가장 중요했던 것은 자기 자신이었기 때문 아닐까. 그는 평생 자신을 위해서만 살았고 자신의 안위에 위협이 된다면 사랑했던 사람이라도 가차 없이 내치고 자신을 보호했다. 같은 이유로 중종은 아랫사람들이 자신의 권위에 도전하는 것을 용납하지 않았다. 조광조를 비롯한 신하들과 씨름할 때, 그가 가장 중요하게 여겼던 것은 자기 자신, 즉 자존심이었다. 굳이 그럴 필요까지는 없었는데도 조광조가 행했던 개혁을 원점으로 되돌렸던 것은 자존심 회복을 위한 화풀이였을 것이다.

그의 일련의 행동을 정리해 보면 이런 인간형이 완성된다. 겉으로는 물렁해 보이지만 자존심이 세서 잘 토라지고, 나쁜 일은 남에게 미루면서 자신은 아무 잘못도 없는 피해자라 외치는 무책임한 사람. 중종의 이런 이기주의는 당대뿐 아니라 다음 세대까지 악영향을 끼쳐 결국 큰 해악으로 돌아오고 말았다. 임진왜란 때 중종의 손자 선조가 보인 행동은 그의 할아버지의 행동 패턴과 무척 비슷했던 것이다.

이런 행동이 단순히 왕 개인의 무책임한 성격 탓일까? 그럴지도 모른다. 하지만 더욱 큰 이유가 있었다. 임금도 신하도 나라나 미래보다는 자신의 안위가 더 중요해졌고, 그래서 책임을 지지 않으려 들었기 때문이다. 조선은 이제 초창기의 활발했던 생명력을 잃고 차츰 쇠락해 가고 있었다.

03

조광조는 **아이돌**

 성균관
학생들　　공부 때려쳐-_-

 조광조　　희망은 있다

하
나
요
망가진 대학생들

성균관(成均館)은
조선의 최고 교육기관.

엘리트들만이 입학할 수 있었다.

[성균관 명륜당 : 학생들이 모이던 강당]

그러나 연산군이
중종반정으로 쫓겨난
1500년 무렵,

학교 분위기는 엉망이었다.

 顔 안면장부

성균관 대나무숲 1510년 10월
[익명제보 : 부끄러운 성균관의 모습]

익명A :
성균관 유생A입니다.
자랑스런 성균관의 이름을 더럽히는
유생들을 고발합니다!

↑수업 땡땡이꾼들! 출석한 사람을 세는 게 더 빠른,
텅텅 빈 강의실.

↑복장불량꾼들! 염색에 교복줄임, 이게 선비입니까?

↑성균관 캠퍼스의 아침! 밤새 술마신 학생들,

조선왕조실록

숙취 때문에 수업이나 듣겠습니까? 결국 무한반복!

폭군 연산군이 쫓겨나 경사스러운데,
자랑스런 성균관의 학생들이 이래서야 되겠습니까?
부끄럽습니다!

👎 익명B님 외 많은 학생들이 싫어하오.

익명B :
야ㅋ잘난척하지 마.
요즘 같은 시대에 공부를 왜 하냐?

익명A :
당연히 과거시험 붙어서, 벼슬 나가서,
나라를 위해 일하려고 공부하죠!

익명B : ㅋ까고있네.

그래, 벼슬했다가 왕한테
모가지 뎅겅 짤리려고?

선배님들처럼ㅋ?

연산군 때, 수많은 선비들이
바른 말을 하다가
죽임을 당했다.

여전히 그때의 불신주의에
젖은 것이다.

익명B :
애쓰지 마ㅋ
그런다고 세상 안 바뀌어.
너도 책 따위 팔아치워버려.

순하탁주

그 돈으로 술이나 쳐머거!

익명A : ㅠㅠㅠㅠㅠㅠㅠㅠ

둘이요
우리의 광조 선배

그러나 그때,
허무함과 분노에 지친
학생들 사이에서

한 젊은이가 홀연히 나타났다.

顔 안면장부

성균관 대나무숲 1510년 10월

[본명제보 : 동문 여러분, 조광조입니다.]

조광조 :
안녕하세요,
자랑스런 후배, 동기, 선배님들.
성균관 학생대표 조광조입니다.

먼저 서로 위로합시다.
가슴 아픈 지난 10년, 잘 버텼습니다.
다들 장합니다.

저 역시 어릴 적, 존경하는 선생님을
연산군 손에 잃었습니다. 하지만 이를 악물고
더욱 열심히 공부했습니다.

[김굉필 선생님]

"똑똑하면 죽는데, 뭐하러 책을 보냐?"
"화를 자초하는 놈이다"며
손가락질 당했지만 굴하지 않았습니다.
아니, 포기할 수 없었습니다.

우리가 무엇을 위해 수백 대 일의
경쟁률을 뚫고, 성균관에 입학했습니까?
젊은 지식인으로서
보다 좋은 세상 만들기 위해 아닙니까!

익명B : 광조선배......

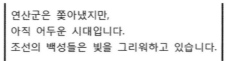

연산군은 쫓아냈지만,
아직 어두운 시대입니다.
조선의 백성들은 빛을 그리워하고 있습니다.

우리 모두 용기를 냅시다.
우리는 등불이 될 수 있습니다.

한 명 한 명 마음을 바로잡고 노력해,
세상을 밝게 비추는 빛이 됩시다!

-성균관 학생대표 조광조 올림

광조 선배님!ㅠㅠㅠ

죄송해요 형ㅠㅠㅠ

실은 저도 열심히 살고 싶었는데ㅠㅠ
화가 나서ㅠㅠㅠㅠㅠㅠ

마음 고쳐먹고, 공부하겠습다!

조선의 등불! 성리학의 희망!

조광조 선배!

셋이요
캐스팅

조광조가 먼저 모범을 보이자,
성균관의 분위기가 바뀌었다.

그러자 그의 이름이
새로 즉위한 임금 귀에까지
들어갔다.

훌석률이
이렇게나 높다니ㅠㅠ!
선생님
감동했어요
ㅣㅣ하하할

중종, 관료

중종
성균관에 똘똘한 애 있다던데?
조광조라고.

오 전하도 아십니까?
ㅇㅇ광조 유명하죠!

아직 20대 학생인데
관료들 사이에서도 벌써
소문이 자자합니다.

ㅎ저희 집 열세 살 노비년마저
광조오빠, 광조오빠 하던데요?

중종
허허ㅋ오버하긴ㅋ

대감댁은 노비마저
성리학을 익힌단 말이오?

사림의 간판급 아이돌이 데뷔하는 순간이네.

끝.

실록에 기록된 것 / 정사 正史

- 1510년(중종 5), 경연에서 관료들이 "연산군 때 바른 선비들을 죄 준 이래로 공부하는 풍습이 무너져 학문하는 선비들을 비웃고 괴롭히는 풍조가 나타났다. 이것을 바로잡아야 한다" 청하다.
- 관료들, "조광조라고, 말도 함부로 하지 않고 복장도 단정하며 학문을 열심히 하는 친구가 있다. 처음에는 성균관에서 그 학생을 질투해 괴롭히기도 했지만, 요즘은 조광조 덕분에 공부하는 분위기가 잡혔다고 한다"며 중종에게 조광조 칭찬하다.
- 중종, 조광조 및 학생 몇 명을 성균관 대표로 궐에 불러 경전을 강의시키다. 눈도장 찍다.
- 1511년 중종, 성균관에 조광조를 조정에 추천하도록 명하다. 그러나 관료들, "아직 만 서른도 안됐다. 공부 열심히 하는 애 일 시키는 건 인재를 아끼지 않는 일이다"며 말리다.
- 1515년 중종, 34세가 된 조광조를 불러오다.
- 조광조는 매우 꽃돌이였다고. 스스로는 "이게 어찌 사내의 얼굴인가"라며 싫어했다고 한다.

기록에 없는 것 / 픽션

- 성균관 대나무숲은 없었다.

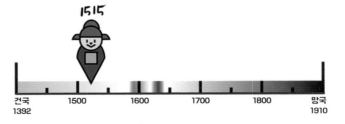

1515

건국 1392 1500 1600 1700 1800 망국 1910

- 세 번째 이야기 -

꿈을 이루려는 사람의 빛

살다보면 몹시 드물지만 그런 사람을 만날 때가 있다. 살면서 나쁜 일이란 겪어보지 않은 것처럼, 혹은 겪어봤지만 그래도 이 세상을 더 좋게 만들 수 있다고 굳게 믿으며 그 목표를 위해 애쓰는 사람 말이다. 처음에는 뭐 저런 순진한 사람이 있냐며 비웃거나 곧 포기하겠거니 생각한다. 하지만 세속의 고통과 부조리에 꺾이지 않고 힘든 길로 성큼성큼 걷는 뒷모습을 보고 있노라면 비웃다가도 차츰 신경이 쓰이게 되고, 마침내는 그 뒤를 따르게 된다. 정암 조광조는 바로 그런 사람이었다.

보통 역사책에서는 조광조의 등장을 '사림파의 대두'라는 꽤 밋밋한 문장으로 설명하곤 한다. 성종 때 김종직을 시작으로 정치에 진출했던 사림파들이 연산군 때 된서리를 맞았다가 중종 때 다시 나타났다는 말이다. 하지만 이것만으로 조광조라는 사람을 말하기는 부족하다.

조광조의 사상은 도학주의라고도 하는데, 곧 이상주의였다. 모두가 열심히 노력하면 꼭 좋은 세상이 될 거라는 이론이다. 그렇다고 해서 조광조가 온실 속 화초처럼 자랐거나 세상물정을 영 모르는 것도 아니었다. 그는 개국공신의 후손이었지만 집안은 이미 몰락해서 별 볼일 없었고, 어린 시절 귀양 온 유학자 김굉필에게 공부를 배웠지만 김굉필이 연산군에게 죽임당하는 것을 지켜봐야 했다. 아버지도 일찍 여의었다. 그런 좌절과 고통을 모두 겪고서도 시대의 희망을 이야기했기 때문에 그는 더욱 돋보이는 존재였다.

처음부터 환영받은 것은 아니었다. 유생 시절, 언제나 몸가짐이 반듯하고 고운 말만 쓰던 조광조를 주변 사람들은 미친 사람이라 부르거나, "쟤랑 놀면 재수가 안 좋아질 것"이라며 따돌리기도 했다. 하지만 시간이 흐르면서 그렇게 비아냥댔던 사람들조차 하나둘 그에게 감화되었으니, 1511년(중종 6), 조광조는 성균관에서 현명한 인재로 추천받은 학생들 중 가장 첫 번째로 이름을 올리게 된다.

이때 신하들은 오히려 조광조의 등용에 반대했다. 싫어서가 아니었다. 아직 젊으니 공부를 열심히 해서 더 무르익어야 한다고 여겼기 때문이다. 젊은이의 능력을 쏙쏙 뽑아 쓰고 버리기보단 정성껏 가꾸고 키워줘야 한다는 주장이었다. 도대체 조광조에게 어떤 매력이 있었기에 성균관뿐 아닌 조정의 대신들마저 한 뜻으로 그를 지켜주려 했을까? 그때 조광조는 '밝고 바르고 매우 곧다明正切直'는 평가를 들었으니, 하늘의 태양처럼 눈부시며 그래서 비현실적으로까지 느껴지는 사람이 아니었을까.

등용된 조광조는 이내 그 진면목을 발휘했다. 1515년(중종 10) 11월, 몇몇 신하들이 단경왕후 신씨를 복위시키자는 글을 올렸고, 국정이 뒤집어졌다. 중종은 펄펄 뛰고 신하들도 눈치를 보며 복위를 주장한 사람들을 엄하게 처벌하자고 말했다. 하지만 일개 정언 벼슬에 있던 조광조는 당당하게 반대했다.

"신하들이 자기 생각을 말했다고 해서 벌을 주면 안 됩니다. 그러면 겁을 먹은 신하들이 바른 말도 안 하게 되니, 오히려 처벌하자고 한 사람들이 잘못한 것입니다!"

중종은 조광조에게 "다른 사람들은 다 괜찮다고 하는데 왜 너만 그러니?"라고 물었다. 그러자 조광조는 "그들은 그럴지 몰라도 전 아닙니다"라고 단호하게 답했다. 남들이 뭐라 하든 세상 눈치가 어떻든 틀린 것은 틀린 것. 조광조의 말은 사람들 양심의 말랑한 부분을 푹 찔러버렸고, 이후 몇 달간 논쟁이 이어졌다. 시간이 지나 신하들은 하나둘 "조광조가 한 말이 맞긴 합니다"라며 꼬리를 내렸고, 중종도 어쩔 수 없이 뜻을 굽혔다. 신씨는 복위되지 못했지만, 조광조의 뜻대로 대간이 갈아치워지고 귀양 간 사람들의 처벌이 풀렸다.

조광조는 왜 그렇게 고집을 부렸을까? 그의 문집 『정암집』에 따르면 조광조는 신씨의 복위는 불가능하더라도 그녀가 억울한 것은 사실이라 생각했고, 복위시키자는 주장이 옳다고 생각했다. 현실은 현실이지만 옳은 것은 틀림없이 옳다. 옳은 말을 한 사람들이 벌을 받게 만들 수는 없기에 힘을 다했고 뜻을 굽히지 않았다.

조광조는 이런 사람이었다. 원리원칙을 지키며 옳은 길로만 간다. 완벽한 꿈을 담아내기에 현실은 너무나 불완전했고 그는 실패했다. 그러나 그가 꿈을 이루기 위해 노력했던 과정은 그 자체로 빛났기에 오늘날까지도 사람들로 하여금 그를 기리게 만든다.

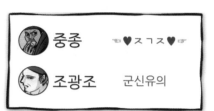

중종 ♥ㅈㄱㅈ♥

조광조   군신유의

나는 그를 존경했다.

[11대 왕 중종]

중종반정으로 왕이 된 신데렐라.

사실, 조금 쫄(?)기까지 했다.

중종, 관료

중종

내일부터 나 조광조랑
독서토론 세미나 한다네ㅎㄷㄷ

아~떨려! 그 똑똑이가
무슨 책을 읽자고 하려나?

관료
조선 최고의 똑똑이니
조선 최고로 어려운 책
추천하지 않을까요?

뭐<성리학 데카당스>나
<현시대 선비의 아비투스적
구조주의>이런 거?

갑자기 긴장되네;

따라갈 수 있을까??
다른 신하들도 구경올텐데
망신이라도 당하면;;;

관료
괜찮사옵니다ㅎㅎ
조광조 클라스야 다들 아는데요 뭐.

빵끗 웃으시면서,
고개만 끄덕~끄덕 하시지요!

두근두근두근두ㄱ…….

『소학小學』이 뭔가?
그 이름처럼, 천자문 막 뗀
5~8세 꼬꼬마들이

둘이요

소학남 조광조

서당에서 처음 배우는 책 아닌가!

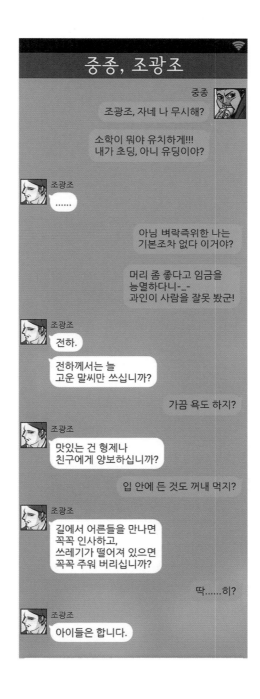

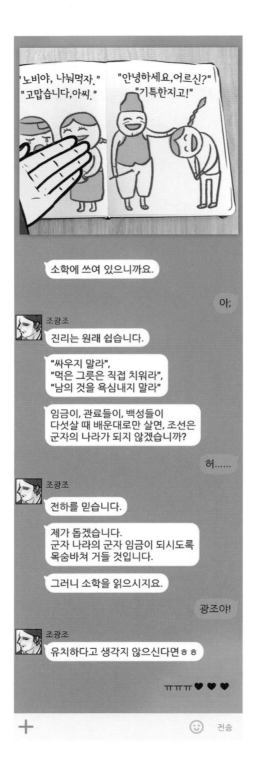

소학에 쓰여 있으니까요.

아;

조광조
진리는 원래 쉽습니다.

"싸우지 말라",
"먹은 그릇은 직접 치워라",
"남의 것을 욕심내지 말라"

임금이, 관료들이, 백성들이
다섯살 때 배운대로만 살면, 조선은
군자의 나라가 되지 않겠습니까?

허......

조광조
전하를 믿습니다.

제가 돕겠습니다.
군자 나라의 군자 임금이 되시도록
목숨바쳐 거들 것입니다.

그러니 소학을 읽으시지요.

광조야!

조광조
유치하다고 생각지 않으신다면ㅎㅎ

ㅠㅠㅠ❤❤❤

＋   ☺ 전송

귀오보, 그럼소24, 마법호롱불,
인타박후, 반지애륜이수 등
인문/성인교양 베스트셀러 1위!

★★★★★ 주상 : 몰랐다! 여기에 진리가 있었다!
★★★★★ skrmsp : 우리집 아이 거 빼앗아 읽었다!
애가 운다! 나도 같이 울었다!

이 혼탁하고 외로운 조정에,
그는 한 줄기 맑은 물!

jung_jong : 짜증나는 홍문관 부제학이랑ㅋㅋㅋ
사흘 밤새도 왜 광이 나냐 너는?@조광조
우리, 세종대왕이랑 황희정승같지 않아?

ㄴNamgon : 헐 입사 4년만에 정3품ㅎㄷㄷ

나는 그를 팍팍 밀어주었다.

중종, ♥조광조광조♥

조광조
과거시험만으로 어떻게
옥석을 가리겠습니까?

숨어있는 인재들 천거(추천)받아서,
벼슬 내리시지요.

ㅇㅋ

조광조
훌륭한 성군은, 늘
아랫사람들 말을 귀담아
듣는 법입니다.

언론을 활성화하시지요.

ㅇㅋ

······다~만,
며칠 전에.

쩍
쩍!

중종, ♥조광조광조♥

광조야, 너 이번달 보고서 냈지?

온 신하들 다 냈는데
너만 안 냈대. 전산실순가?

조광조
일부러 안 냈습니다.
시를 쓰라고 하셨잖습니까.

참된 선비는 백성들을 생각하고
늘 진리를 탐구해야지,
말놀이 따위나 해서는 안됩니다.

그래서 안 썼다고???

조광조
그렇게 배웠습니다.

임금이 쓰라고 한 건데;???

조광조
그래도 못 씁니다.

허 참;;;

기특하긴 한데,
인사과에 시말서는 내야 돼.
인사고과에 반영되는 거니까.

너라고 봐 줄 수는 없다.

조광조
예.

ㅎㅎ

하여간 꽉 막힌 놈......

탕 ♡ 탕

그래서 좋아

+   ☺ 전송

아니 아니!
진짜 별거 아닌 일이었지만,
왠지 좀 쎄하대?

이름궁합 테스트
나 : 중종   상대방 : 조광조

왕명을…… 어긴 거잖아^^;

어억;;;;;;!???

이름궁합 테스트

나 : 중환 1)), 상대방 : 조광조
    ''삭제''

아, 아니지! 이런 실수를!

그치~?
본명으로 해야지~ㅋㅋ

아, 역시 천생연분이야!

에휴ㅉㅉ

다음에 계속.

정사 正史

실록에 기록된 것

- 조광조, 경연(신하들이 임금에게 경전을 가르치고, 토론하는 세미나)에서 중종을 가르치다. 1타 강사급.
- 중종, 조광조의 말 한 마디 한 마디를 귀담아듣다. 이해가 가지 않은 부분은 다른 신하와 "광조가 말한 게 이런 뜻이었나?" 하고 토론까지 하다.
- 조광조, 소학을 추천하다. "성균관 재학 시절, 공부하면 왕따 되는 분위기에 소학만큼은 숨어서도 읽었습니다. 주상께서 소학을 가까이 하시면 선비들이 어찌 따르지 않겠습니까?"
- 조광조, 입사 3년차에 종3품, 4년차에 홍문관 부제학(정3품, 비서실 차장) 되다. 그때마다 병을 이유로 사직을 청했지만 중종, 들어주지 않다.
- 조광조 및 그와 뜻을 같이 하는 관료들, 일부러 '월과(매달 문신들에게 시를 지어 바치도록 한 것)' 제출하지 않아 추고를 당하다.

픽션

기록에 없는 것

- 이름 궁합 테스트는 없었다.

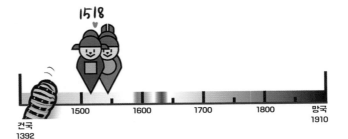

1518

건국
1392

1500   1600   1700   1800   망국
1910

- 네 번째 이야기 -
개혁의 한계

'개혁'이라는 말에서는 언제나 긍정적인 기운이 느껴진다. 문제 많은 썩어빠진 세상을 좀 더 좋은 곳으로 바꿔 보자는 말을 싫어할 사람은 없을 것이다. 그러나 그 꿈을 현실로 바꾸는 과정은 늘 긍정적이지도, 희망차지도 않다. 조광조는 자신의 시대를 연산군 때의 악폐가 남아 있는 위태로운 시기로 보았고 이를 극복하려는 사명감에서 개혁을 추진했으나 실패했다. 조광조의 개혁에는 어떤 문제가 있었을까?

1 도학이라는 이상향

조광조는 성리학의 이상이 현실이 된 세상을 꿈꾸었고, 그러기 위해서는 훌륭한 임금과 빼어난 재상이 함께 있어야 한다고 생각했다. 그래서 가장 이상적인 시대로 세종 시대를 들었다. 세종과 황희 같은 쿵짝이 잘 맞는 임금과 재상이 나라를 발전시켜야 한다는 것이었다. 성종 시대는 임금은 훌륭했지만 재상이 변변치 못한 시대였다고 봤고, 자신의 시대에는 훌륭한 왕과 훌륭한 재상의 구도를 실천하고자 했다. 그러나 조광조가 황희가 아니듯 중종도 세종이 아니었다. 중종이 원한 것은 자신이 왕으로서 큰 힘을 가지는 것이었지 이상 세계의 구현은 별로 중요하지 않았다. 이미 여기에서 개혁을 추진해야 할 두 동력인 중종과 조광조는 손발이 어긋나 있었다.

2 군자의 길?

조광조는 흔히 말하는 바른생활 맨이었다. 반듯하고 성실했지만 융통성이 없었다. 여진족 문제에서 조광조의 고지식함은 역력히 드러난다. 1518년(중종 13) 함경도에서 여진족 추장 속고내가 말썽을 부리자 조정에서는 기습하여 속고내를 붙잡자고 했지만 조광조는 반대했다. 기습은 야비한 계책이라는 것이었다. 속고내가 정말 나쁜 짓을 하면 그때 붙잡아 혼을 내자고 주장했고 조광조의 주장을 들은 병조판서 유담년은 뒷목을 잡았다. 결국 기습을 못 하게 되고 덕분에 여진족들만 활개를 치게 되었다. 늘 이런 식이었다. 한때는 친했던 남곤이 현량과 도입과 공신 제거를 점진적으로 해나가자고 제안했을 때도 조광조는 듣지 않고 오히려 남곤을 소인배라고 비난했다. 이런 상황에서 영의정 정광필이 습관성 한숨 증후군에 시달리게 된 것도 충분히 이해가 간다.

3 현량과

과거 시험의 폐단을 극복하기 위해 추천으로 현명한 사람들을 뽑아 나랏일을 시키자는 명분으로 시작된 현량과. 하지만 '현명함'을 어떤 기준으로 가릴 수 있을까? 기묘사화 직전 단 한번 실시된 현량과에는 28명의 급제자가 나왔는데 좌의정 안당의 아들 셋이 동시에 급제했으며 대부분이 서울 거주자였고 친 사림파였다. 공정한 심사를 위해 가려놓은 답안지의 이름을 확인하고 사림파 사람들만 골라 뽑았다는 구설수도 나왔다. 조광조가 자신과 친한 사람들을 등용하기 위해 현량과를 악용한 것이라는 불만이 일었고, 결국 기묘사화 이후 현량과는 흔적도 없이 사라지고 만다.

4 젊은 그들

조광조와 그 뜻을 같이 하는 젊은이들에게 역사는 사림파라는 좀 재미없는 이름을 붙여주었다. 이들은 개혁이 나라를 새롭게 바꿀 것이라 주장하고 믿는 사람들이었다. 열정적이고, 순수하고, 이상을 믿지만 동시에 NO 타협, GO 개혁을 외치는 사람들이었다. 남들은 모른 척 넘어갈 일도 그들에게는 도저히 용납할 수 없는 병폐였다. 태종에게 선죽교에서 맞아 죽은 정몽주, 단종 편을 들다가 죽은 사육신들, 쫓겨난 단경왕후 신씨 등등 모두 입 다물고 모른 척했던 불의를 바로잡아야 한다고 목소리를 높였다. 사소한 문제에도 죽자고 매달렸고, 의견이 조금만 달라져도 소인배라고 욕했다.

중종이 계속 조광조를 밀어주었더라도 개혁은 실패했을지 모른다. 개혁을 이끄는 이들이 현실의 벽에 부딪힐 수밖에 없는 지나친 이상주의자들이었던 것이다.

중종　　　나대지 좀 마;

조광조　　　　군신유의

하나요 정체 모를 불안

얼마 전의 일이다.
광조와 개혁을 추진하던 중이었다.

TV에서 영화가 나왔는데,
주인공이 폭탄 더미에 앉아 있었다.

살짝만 건드려도 끔살이었다.

그런데 그의 동료란 놈이
자꾸 설쳐대지 않겠나!

어째선지, 나는
광조를 쳐다보고 말았다.

하는 짓이 꼭…….

얼마 전, 종묘에서 제사를
지내는데 이상한 일이 벌어졌다.

제물로 바칠 소가
갑자기 픽 죽어버린 것이다.
다들 불길하다고 야단이었다.

그런데 광조가 느닷없이
'소격서' 탓을 하는 것이다.

중종, 조광조

음~광조야^^

소격서는 왕이 해, 달, 별신께
제사 지내는 곳이잖아.

그게 이번 일이랑 무슨 상관이야^^;?

조광조
전하께서 하늘에
복을 구걸하시니, 선조들께서
노하신 게 아니겠습니까?

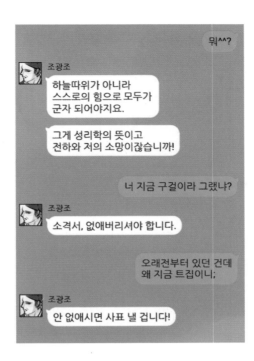

설마설마했다.
하지만 광조가 누군가?

셋이요
내가 졌소

이번만큼은 나도 욱했다.
이게 예쁘다 예쁘다 하니까!

[속보]주상전하 분노…

"소격서는 왕권 상징…하늘과 소통하는 소중한 곳"

"신입사원 왕창 뽑아 빈자리 메워버려라!"

[칼럼]주상전하, 귀 닫았나?

"조광조는 우리 시대의 선비!"
"신하들과 소통 부재…연산군 떠올라"

꼭 지형 닮었네…

[속보]대신들,"조광조가 옳다"

소격서 없애라 요청…언론 눈치보긴가

"……"

[속보]주상전하, 소격서 혁파!

조광조와 언론인들 복직해…

조씨,"전하의 진심 다시 한 번 확인…
목숨 바칠 것"

"전하의 나를 향한 굳은 신뢰
영원할 것……."

♥조광조조광조 I

톡 톡
삭제 삭제

톡
조광조 I

너 짜증 나!

으아

다음에 계속.

실록에 기록된 것

- 사림들, 성종대부터 도교의 영향을 받아 지은 소격서 없애라고 청하다. 그러나 성종과 중종, 들어주지 않다.
- 1518년 4월 4일, 종묘에 제사를 지내던 중 제물로 바칠 소가 문으로 들어오다 갑자기 죽다. 중종과 관료들, 동요하다.
- 조광조와 사림 언관들, 이것은 "하늘신에게 제사 지내는 그릇된 관행을 보시고 조상들께서 징조를 보이신 것"이라며, 그간의 염원이던 소격서 폐지를 청하다. 중종, 거부하다.
- 조광조, "부질없고 헛된 것에 매달리지 마시라" 하다. 그래도 중종이 거부하자, 조광조와 사림 언관들, 모조리 사표 내다.
- 중종, "신입 공채 뽑아서 빈자리 메우라" 하다. 조광조, 그건 암군이나 하는 짓이라고 눈물로 참소하다. 평소에 사림 공격받던 대신들마저 "그러시면 안 된다" 말리다.
- 중종, 소격서 폐지하고 조광조를 종2품 대사헌으로 삼다. 그로부터 얼마 후, 기묘사화 일어나다.

기록에 없는 것

- 액션영화는 없었다.

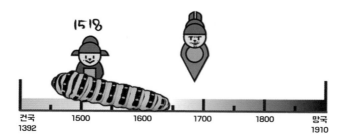

1518

건국
1392   1500   1600   1700   1800   망국
                                      1910

실록 돋보기

- 다섯 번째 이야기 -

기묘사화 D-day

1519년(중종 14) 11월 15일 밤 10시. 도성 사대문이 꽁꽁 닫히고 서울의 모든 이들이 깊은 잠에 빠져든 시간이었다. 그러나 그날 숙직 담당이었던 승지 윤자임은 갑작스레 웅성거리는 소리를 듣고 깜짝 놀라 뛰쳐나갔다.

늦은 밤인데도 경복궁 문이 활짝 열리고 환하게 등불이 켜져 있었으며 무기를 든 병사들이 나란히 서서 문을 지키고 있었다. 심상치 않은, 아니 불길한 공기가 감돌았다. 경연청 안에는 화천군 심정을 비롯한 여러 판서들이 있었는데, 왕명으로 모인 것이라 했다. 윤자임은 어떻게 승정원을 거치지 않고 명령이 나갈 수 있냐고 따지며 임금을 만나려 했지만 바로 감옥으로 끌려갔으며 조광조와, 그와 친했던 사람들도 모두 감옥에 갇혔다. 이것이 바로 기묘사화의 시작이었다.

이들의 죄목은 무엇인가? 붕당朋黨의 죄였다. 친한 사람들끼리 파벌을 만들어 나라를 어지럽혔다는 뜻인데, 참형을 받을 수 있는 아주 무거운 죄였다. 중종은 이 밤이 지나기 전에 조광조를 처벌하라며 신하들을 쪼아댔다.

영의정 정광필이 반대했다. 조광조는 자신의 의견을 말한 것뿐이므로 그걸 죄 삼아 죽일 수는 없다는 것이다. 다른 신하들도 반대하자 중종은 묵비권을 행사하고 면담 거부를 일삼다가 이틀 만에 조광조를 귀양 보냈다. 한 번만 만나 달라는 조광조의 부탁을 끝내 들어주지 않았고, 곤장을 때리지 말자는 의견도 듣지 않아 심문했던 사람들마저 조광조를 측은하게 여길 정도였다.

이때 후세에 기묘사화의 간신들로 알려진 남곤, 심정, 그리고 홍경주가 나선다. 그들은 조광조가 쫓겨난 직후 중요한 벼슬들을 맡게 되었으며 조광조가 했던 모든 일을 비난하고 조광조를 옹호하는 사람들을 공격했다.

정광필은 "당신은 조광조를 싫어했잖아요?"라는 말까지 들었다. 좋고 싫은 것과 옳고 잘못된 것은 엄연히 다르거늘 무슨 상관인가? 싫어했다 한들 싫어했다는 이유로 사람을 죽게 내버려둔단 말인가? 하지만 중종의 고집은 완강했다. 홍경주에게 밀지를 보내 조광조를 죽이라 명하거나 무사들을 시켜 조광조를 죽이려는 계획까지 세웠다. 그러자 차츰 기회주의자들이 나타나기 시작했다. 처음엔 조광조를 옹호했던 사람들도 이제는 조광조를 비난하는 글을 올렸다.

"어떻게 해야 나라가 좋아질지 모르겠습니다. 현량과를 취소하면 됩니까? 조광조에게 더 큰 벌을 주면 됩니까? 조광조를 따르던 사람들을 다 없앨 수는 없습니다. 그 사람들의 죄가 귀양을 보내야 할 정도로 큰 것입니까? 이제 신하들을 데리고 무얼 하겠습니까?"

산전수전을 다 겪은 노재상 정광필도 자포자기한 듯 이렇게 말했다. 그러나 중종은 듣지 않았다. 이렇게 암울한 기운이 가득한 12월 14일, 생원 황이옥이 친구들과 함께 상소를 올렸다. 말이 상소이지 실제론 인신공격인 이 상소의 내용이란 조광조를 당장 죽이고 그를 편든 사람들도 모두 처벌하라는 것이었다. 중종은 몹시 기뻐하며 "이게 진짜 여론이다!"라며 대간들을 불러 모았고, 중종은 지난 한 달간 마음 속 깊은 곳에 꾹꾹 담아 두었던 이야기를 풀어놨다. 자신이 한밤중에 군사를 시켜 나라를 엎은 것은 다 조광조가 나빠서 그랬으며, 그건 다 대신들이 미리미리 조광조를 바로잡지 못했던 탓이고 자신의 깊은 뜻을 몰라주는 신하들과 유생들은 버릇이 없다고. 그리고 마침내 조광조를 죽이라는 명을 내렸다.

"사람의 죄를 논할 때는 위에서 결단해야 하고 아랫사람의 말을 기다릴 것이 없다. 죄를 지은 대로 벌을 주어야겠다."

그렇게 정광필은 벼슬자리에서 쫓겨났고 조광조에게는 사약이 내려졌다. 보통은 사약을 내리기 전 왕명을 내리는데 얼마나 급했는지 조광조에게 내리는 사약은 작은 쪽지 하나와 함께 발송되었다. 의금부 도사 유엄이 조광조의 유배지에 도착했을 때 조광조가 왕명은 어찌 되었냐 물어보자, 유엄은 궁색하게 쪽지를 내보일 수밖에 없었다. 조광조의 나이 38세, 중종에게 발탁된 지 4년 만이었다.

06

안녕, 광조야~ 기묘사화 (하)

광조를 종2품
대사헌으로 승진시켰다.

몰라, 나도.

위대하신 광조님은
조선의 기둥이니, 임금은
벼슬 셔틀이나 해야지.

그래, 어디 니 맘대로 해봐라······.

!?

 중종　　　⋯⋯

 공신　　토사구팽ㅎ

 조광조　군신유의

광조야……
조광조……!!!!!!!

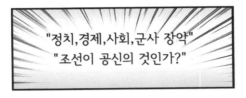

아니나 다를까,
폰이 미친 듯이 울리기 시작했다.

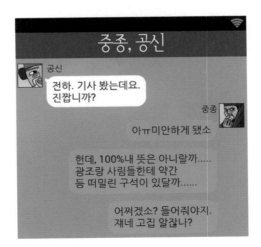

공신

전하ㅠ아......

고삐를 잘 잡으셨어야지요...
쟤네가 저희 욕하는 건 괜찮습니다.
뭐 하루이틀 일도 아니고ㅇㅇ

하지만 개도 밥그릇 뺏기면
덤벼드는 거 아시죠ㅠㅠ?

?;;;그게 무슨 소리야?

 공신

놀라지 마세요.

 공신

저희 애들 벌써
단체행동 시작했어요.;;;

⁉

광조가 대거 쳐낸 건
'3등급 이하, 급 낮은 공신들'.

> 문과 죽었으면

> 조광조랑 사림 뒤진다

무관(군인)들이 대다수였는데,
문관에게 1, 2등급을 빼앗겨
안 그래도 앵그리하던 참이었다.

걔네가 들고 일어났다니;;;!

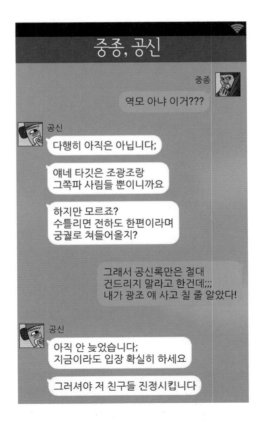

중종, 공신

중종
역모 아냐 이거???

공신
다행히 아직은 아닙니다;

얘네 타깃은 조광조랑
그쪽파 사림들 뿐이니까요

하지만 모르죠?
수틀리면 전하도 한편이라며
궁궐로 쳐들어올지?

그래서 공신록만은 절대
건드리지 말라고 한건데;;;
내가 광조 얘 사고 칠 줄 알았다!

공신
아직 안 늦었습니다;
지금이라도 입장 확실히 하세요

그러셔야 저 친구들 진정시킵니다

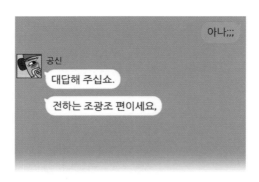

아나;;;

공신
대답해 주십쇼.
전하는 조광조 편이세요,

공신 편이세요?

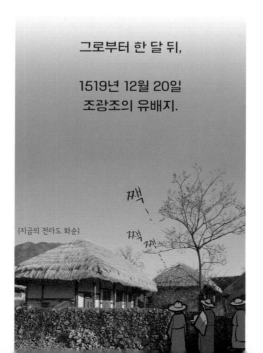

셋이요 안녕

그로부터 한 달 뒤,

1519년 12월 20일
조광조의 유배지.

(지금의 전라도 화순)

짹

짹 짹

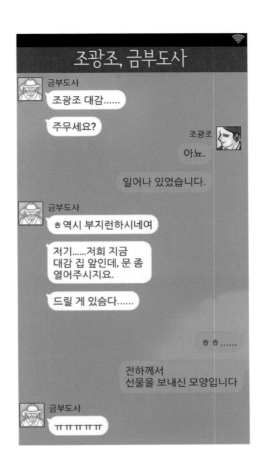

전하도 너무하시지.

대사헌까지 지냈건만, 먼 길 가는 신하에게
작별인사 한 마디 아니 주시려는가.

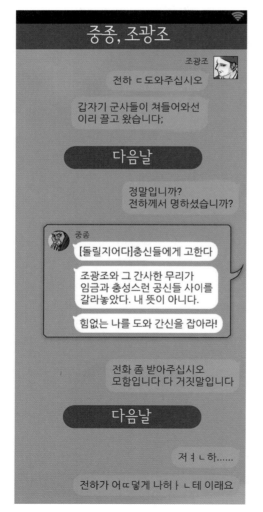

중종, 조광조

조광조

전하 ㄷ 도와주십시오

갑자기 군사들이 쳐들어와선
이리 끌고 왔습니다;

다음날

정말입니까?
전하께서 명하셨습니까?

중종

[돌릴지어다]충신들에게 고한다

조광조와 그 간사한 무리가
임금과 충성스런 공신들 사이를
갈라놓았다. 내 뜻이 아니다.

힘없는 나를 도와 간신을 잡아라!

전화 좀 받아주십시오
모함입니다 다 거짓말입니다

다음날

저 ㅓ ㄴ 하……

전하가 어ㄸ덯게 나허ㅏㄴ테 이래요

창피하게……

전하를 부모님처럼 사랑했습니다.

나라를 내 집과 같이 걱정했습니다.

하얀 태양이 아래세상을
굽어보고 있으니

제 일편단심 충정도
밝게 빛나겠지요.

＋ 😊 전송

조광조, 38세를 일기로 사망하다.

중종, 조광조 일파 사림을 대거 숙청하니
이들을 '기묘당여(무리)'라 부르다.

팟

그리하였다고 한다.

끝.

- 조광조 및 사림들, "연산군 총애받았거나, 공 없는 공신이 태반. 급 낮은 공신은 자격 박탈하라" 청하다. 중종, 수없이 반대했으나 하도 강경해 수락하다.
- 홍경주 비롯한 공신들, 밤에 몰래 중종에게 "공신에서 잘린 무신들이 조광조 때려 죽여야 분이 풀리겠다며 30~40여 명이 모여 나라를 원망하고 있다. 어떻게든 하시지 않으면 화가 일어날 것"이라 고하다. 민간에 떠돌던 '주초대부필(주초위왕)' 나뭇잎을 보여주며 부추겼다고도 한다. ― 『선조실록』
- 중종, "저 신진의 사람들을 억제하여 입장을 보이면 무사들 원망이 절로 풀리고 조정의 화도 없을 것이다."
- 중종, 사관마저 못 들어오게 막고 밀지 내리다. "임금이 신하와 함께 신하를 제거하려고 꾀하는 것은 도적의 음모에 가깝기는 하나, 간당(奸黨)이 이미 이루어졌고 임금은 고립하여 제재하기 어려우니, 함께 꾀하여 제거해서 종사(宗社)를 안정하게 하려 한다."
- 대신들, "전하가 뽑아놓고 신임하시더니 어떻게 하루아침에 버리시냐? 신하들을 함정에 빠뜨리는 거다. 후대에 폐단이 생긴다" 경고. 그러나 중종, 꿈쩍하지 않다.
- 성균관 및 전국의 유생들, 조광조 구원하려 하다. 그러나 중종, 듣지 않다. 사관, 임금이 다른 사람이 된 것 같았다고 기록하다.
- 감옥 안에서 조광조, 술에 취해 어린아이처럼 울부짖다. 대신들, 저렇게 흐트러진 건 처음 본다고 혀를 차다.
- 사형 반대가 하도 심해 일단 조광조를 유배 보내다. 대신들이 "곤장만 치지 마시라" 하나, 중종 화내며 "죽이지도 않는데 매도 못 치냐?"
- 한 달 후, 조광조 사사하다. 중종, 쪽지를 한 장 내리다.
- 사약을 거듭 먹어도 죽지 않아 스스로 목매다.

- 愛君如愛父 憂國如憂家 白日臨下土 昭昭照丹衷.
  (애군여애부 우국여우가 백일임하토 소소조단충)

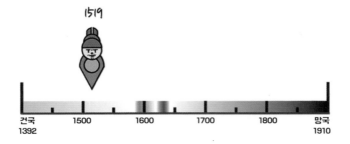

1519

건국   1500   1600   1700   1800   망국
1392   1910

- 여섯 번째 이야기 -
기묘사화의 흑기사들

조광조의 과격한 개혁은 열렬한 지지자만큼이나 많은 적들을 만들었다. '기묘사화'라고 하면 악의 무리 훈구파가 조광조를 무작정 미워했다는 식으로 생각하기 쉽지만 타협 없는 이상주의자 조광조의 개혁안은 현실에서 잔뼈가 굵은 정치가들의 짜증을 유발할 수밖에 없었다. 그나마 좌의정이던 안당은 조광조와 사림파에게 호의적이었지만 영의정 정광필은 달랐다. 서슬 퍼런 연산군 시절에도 바른 말을 했다가 귀양을 갔던, 온갖 세파에 시달려온 늙은 정승은 이것저것을 다 뜯어고치겠다 날뛰는 시끄러운 젊은이들을 몹시 싫어했고, 결국 조정에서 몇 번이고 토론을 빙자한 말싸움을 벌였다.

"어린애들이 세상 돌아가는 이치를 모르고 불가능한 일을 하니 정승으로서 잘못을 바로잡아야 합니다."

정광필은 중종과 조광조 코앞에서 이런 말을 내뱉을 정도였고, 가끔은 홀로 가슴을 치며 한숨을 쉬었다니 예순 다 된 정승의 극심한 스트레스를 짐작할 만하다. 그랬던 조정 분위기가 어느 날 뒤바뀌었다. 기묘사화가 벌어지며 조광조와 그의 동료들은 자기 패거리를 만들어 나라의 정치를 어지럽혔다는 죄목으로 감옥에 갇혔고, 중종은 당장 그들을 죽이려 들었다. 여기서 "이건 아니다!"라고 외친 사람이 있었다. 그렇게 조광조를 마땅치 않아 하던 정광필이었다.

"그들 말이 과격하긴 했지만 죽을 죄를 저지른 건 아닙니다."

평소 정광필이 조광조를 몹시 싫어했으니 옳소 하며 자기편을 들어줄 줄 알았던 중종은 크게 당황하여 우물쭈물 "(내가 아니라) 신하들이 처벌하라고 했으니까 어쩔 수 없다"고 핑계를 댔다. 정광필은 임금 앞에 납작 엎드렸다. 그리고 목청을 높였다. 연산군 때도 이러지 않았는데 왜 신하를 죽이려 드냐는 것이었다.

"조광조를 비롯한 사림들이 과격하게 굴긴 했지만 원래 개혁이란 게 그런 법이고, 애초에 그렇게 된 건 임금님이 받아줘서 그렇게 된 것 아닙니까? 임금님이 재들 뽑아놓고 벼슬도 주고 말도 다 들어줬는데 이렇게 갑자기 벌을 주면 함정에 빠뜨리는 겁니다."

임금의 미움을 샀다고 해서 법을 넘어서는 벌을 내릴 수는 없다. 정광필은 좌의정 안당을 붙들고 "이것은 임금이 잘못한 것이다"라고 말하기까지 했다. 평소 그들을 좋아했느냐 아니냐는 별개의 문제. 잘못된 일은 잘못된 것이라고 말하는 기개와 정신이 그에게는 있었다. 결국 이 일로 중종에게 밉보인 정광필은 벼슬을 잃고 쫓겨나게 된다.

정광필은 혼자가 아니었다. 사화 당일날 엉겁결에 갇혔다가 하루 만에 풀려난 신하들은 갇힌 애들도 나쁜 애들이 아닌데 왜 우리만 석방하냐며, 자기들을 다시 감옥에 넣어 달라고 글을 올렸다. 그리고 사관들은 역사를 올바르게 기록하게 해달라며 굳게 닫힌 궁궐 문에 찰싹 달라붙었다가 병사들에게 쫓겨났다. 젊은 유생들의 반응은 더욱 격렬했다. 소식을 들은 성균관 유생들은 곧 조광조의 억울함을 호소하는 상소문을 지어 경복궁으로 행진했다.

사람들은 왜 벼슬에서 쫓겨나면서까지 조광조를 두둔했을까? 새삼 조광조가 예뻐서? 조광조가 너무 억울해 보여서? 그런 이유만으로 그렇게까지 격렬하게 아군이 되어줄 순 없을 것이다. 정광필 같은 현실주의자가 보기엔 조광조의 꿈이란 참으로 천진난만한 것이었지만 조광조는 우직하게 이상을 밀고 나가며 노력했다. 도중에 시행착오도 있고 실패도 있지만, 그럼에도 쉬지않고 목표를 향해 느릿느릿 나아갔다.

때로는 정책 때문에 다투더라도, 격렬한 토론을 벌이더라도, 가끔은 복장이 뒤집어져도, 사람들은 조광조에게서 미래를 기대했던 것 아닐까? 비록 서툰 점이 있을지라도 그들이 꿈꾸는 이상은 모두가 바라던 '옳은 세상'이었다. 사람들이 조광조를 감싼 것은 단순히 동정심이나 연민 때문이 아니라 희망 때문이었을 것이다. 바로 더 나은 시대를 향한 희망 말이다. 비록 조광조를 구하지는 못했지만, 완전히 실패한 것도 아니었다. 중종이 죽은 뒤 조광조는 죄인의 신분을 벗고 영의정에 추증되었으며, 유학자들의 명예의 전당인 문묘에 위패가 모셔지게 된다. 그의 주장은 수백 년을 지난 다음에까지 많은 사람들에게 영향을 미쳤고, 그렇게 역사가 되었다. 조선왕조실록

07
죽은 쥐 **사건**

공신	조마조마;
김안로	다 죽었어ㅋ
중종	넌 내 편 맞지ㅠ?

하나요 패밀리

기묘사화로
사림을 짓밟은 뒤에도
권신들은 후유증에 시달렸다.

> 나 꿈꺼떠

> 광조 꿈꺼떠ㅠㅠㅠ

오피니언 리더가 등장하면,
죽자사자 물어뜯게 된 것이다.

공신, 중종

공신
전하!
조광조 2탄이 나타났슴다;;;;

사림들이 얘 말이라면
무조건 꿈뻑한답니다ㅠㅠㅠ

NEW! 김안로
▶전하의 사돈
(첫째공주님의 시아버지)

▶소격서 철폐할 때
조광조 편들었음

<공신 정보통>

공신
당장 유배 보내 버리시죠ㅠㅠㅠ!

가족이라고 봐주시면 안됨!

그러나 공신들,
중종의 변해버린 마음을
캐치하지 못했으니.

사돈 김안로, 중종

중종
사돈~잘 지냈소?

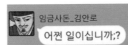 임금사돈_김안로

어쩐 일이십니까;?

웬일이냐니ㅎㅎ

가족끼리 꼭 일이 있어야 문자하나?

내맘 알지?

심정같은 공신들이 하도 졸라서
눈물 머금고 어명 내린거ㅠ

 임금사돈_김안로

ㅎㅎ

마음 푸시오ㅇㅇ

똑똑한 사람 질투하는 게
걔네 종특이니ㅠㅠ

 임금사돈_김안로

ㅎㅎ예

그래서 말인데, 사돈

슬슬 조정에 복귀하는 게 어떻소?

 임금사돈_김안로

예?

공신들도 사림들도, 말이야
임금에게 충성한다지만

어차피 피 한 방울 안 섞인
생판 남 아니오?

더이상 못해먹겠소. 지쳤어ㅇㅇ

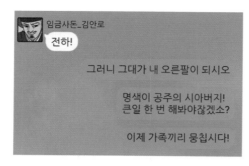

임금사돈_김안로

전하!

그러니 그대가 내 오른팔이 되시오

명색이 공주의 시아버지!
큰일 한 번 해봐야잖겠소?

이제 가족끼리 뭉칩시다!

둘이요

작서의 변

알겠습니다ㅎ

그럼 밑밥 깔 시간을 주시지요.

밑밥;??

※작서(灼鼠) : 불에 탄 쥐

그로부터 얼마 뒤,
1527년 2월.

궁녀, 중종

궁녀

ㅈ전하;.........
큰ㅇ일낫ㅆ사옵니다!!!!

세자저ㅎ하 생일파티중이온데

파티장 바닥에 이런게;.....;!!!!

불에 탄 쥐의 시체였다.

온 나라가 뒤집혔다.

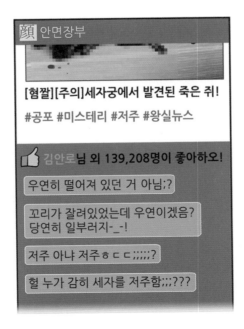

Kim_an_ro : 누구겠음ㅎ?

궁에서 지금 제일 세자저하
눈엣가시로 여기는 사람이.

당연히 경빈 박씨지!

경빈 박씨.
공신들이 팍팍 미는 후궁이었다.

다 큰 아들 복성군을 두어,
안 그래도 중전과 세자 자리를
노린다고 의심받는 중이었는데.

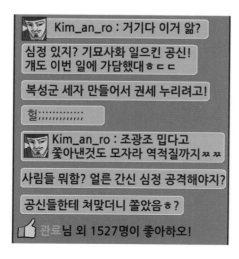

Kim_an_ro : 거기다 이거 앎?

심정 있지? 기묘사화 일으킨 공신!
걔도 이번 일에 가담했대ㅎㄷㄷ

복성군 세자 만들어서 권세 누리려고!

헐…………ㅠㅠㅠㅠㅠㅠㅠ

**Kim_an_ro : 조광조 밀다고
쫓아낸것도 모자라 역적질까지ㅉㅉ**

사림들 뭐함? 얼른 간신 심정 공격해야지?

공신들한테 쳐맞더니 쫄았음ㅎ?

👍 관료님 외 1527명이 좋아하오!

간관
야 그 글 봄?
우리가 가만히 있어서야 되겠냐?

간관2
근데 증거가 없잖아;

물증도 없이 공신 건드렸다
역공당하면 어캄;;;

임금사돈_김안로님께서
입장하셨습니다.

 임금사돈_김안로
헤이 사림 Boys★

잇츠 미, 김안로ㅎ

헐??

 임금사돈_김안로
억울했지?
존경하던 조광조 선배
그렇게 떠나보내서ㅠㅠ

같은 꼴 당할까봐,
더럽고 치사한 공신들한테
제대로 대들어보지도 못했지?

ㅠㅠㅠㅠㅠ

 임금사돈_김안로
걱정은 끝!
주상전하 명을 받고, 이
★정의의 김안로★가 돌아왔다!

증거 좀 부실하면 어때?
심정 저 인간, 기묘사화 일으킨
사림의 원수잖아?

옳소! 옳소!

 간관
으르ㄹ르—르르릉-ㅍ-+++)

 임금사돈_김안로
신나게 복수하고
화려히 부활하라 이거야ㅋ

간관들의 격렬한 공격 끝에,
심정과 경빈이 사약을 받았다.
손 안 대고 코를 푼 것이다.

[가족사진_겸_고위직_단체사진.jpg]

이렇게 김안로가 조정에 등장하니
왕의 패밀리들이 권력을 휘두르는
척신정치의 막이 올랐다.

#가_족같은_분위기

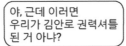

야, 근데 이러면
우리가 김안로 권력셔틀
된 거 아냐?

에이, 설마ㅋ!

우리 천하의
언론인이야ㅋ
조선의 양심○○

그리하였다고
한다.

끝.

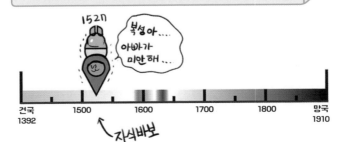

정사 正史

실록에 기록된 것

- 세자 쪽 외척 김안로, 개혁 위해 싸우는 조광조 편을 몇 번인가 들다. 하지만 기본 자세가 "양시론(둘 다 옳다)"이었기에 처세꾼 취급당하다.
- 기묘사화 이후 남곤, 심정 비롯한 공신들 김안로 탄핵하다. "사림들이 저런 간신 보고도 별 말 안 하는 거 보라. 편먹었다. 조광조가 잘 하던 짓"이라 도발하자 사림들, "그런 적 없다"며 한 술 더 떠 김안로 탄핵하다.
- 김안로, 유배 가다. 그즈음 작서의 변 일어나 경빈, 복성군 탄핵당하다. 이후 비슷한 저주 사건, 익명서 사건이 몇 번인가 더 일어나고 혐의가 심정을 비롯한 일부 공신에게 몰린다.
- 김안로, 대간 회유하다. 중종의 뜻이 김안로에게 갔다는 걸 알았기 때문인지, 대간들 "권신들이 자기들 입맛 안 맞는 사람(조광조, 김안로) 쫓아낼 때 괜히 저희 들먹였다. 억울해서 김안로를 탄핵하긴 했지만 사실 진짜 나쁜 놈은 심정이다"라며 역공하다.
- 심정, 작서의 변 및 저주 사건들의 혐의 쓰고 사약 받다.

픽션

기록에 없는 것

- 김안로는 악어 사진으로 도발하지 않았다.

1527

복성아....
아빠가
미안해....

94
∨
95

건국
1392

1500

1600

1700

1800

망국
1910

자식바보

- 일곱 번째 이야기 -
경빈과 복성군

복성군 이미李嵋는 경빈 박씨의 소생으로 중종의 첫째 아들이었다. 그러니 복성군은 세자가 될 수도 있었고 경빈은 중전이 될 수도 있는 몸이었다. 이즈음만 해도 후궁이 왕비가 될 수 있었다. 문종의 왕비인 현덕왕후도 원래는 후궁이었다가 자식을 낳은 이후 중전으로 뽑혔고 연산군의 어머니 폐비 윤씨도 원래 후궁이었지만 중전의 자리에까지 올랐다. 중종의 계비였던 장경왕후도 원래는 후궁이었다. 즉 중종의 원래 부인이었던 단경왕후 신씨가 7일 만에 쫓겨난 뒤 중전의 자리가 비었을 때, 당시 숙의였던 경빈도 왕비가 될 기회가 있기는 했다.

그러나 경빈에게는 몇 가지 결점이 있었다. 경빈은 연산군 시절 뛰어난 미모로 흥청에 뽑혀 궁궐에 들어왔다. 제대로 된 간택을 통해 뽑은 것이라면 모를까, 왕비 자리에 올리기에는 이리저리 굉장히 찝찝했을 것이다. 또 하나의 단점은 경빈의 집안이 보잘 것 없다는 것이었다. 반면 장경왕후는 반정공신의 필두인 박원종의 조카였다. 게다가 어머니가 일찍 세상을 떠나는 바람에 박원종의 누이이자 월산대군의 부인이었던 승평부부인 박씨가 장경왕후를 키웠고, 외삼촌인 박원종과는 매우 가까운 사이였다.

이런 이유로 경빈은 장경왕후에게 밀려났다. 그런데 2년 뒤에 숙의였던 경빈이 아들을 낳으니 바로 이게 복성군이고, 장경왕후는 1511년(중종 6) 딸을 낳았을 뿐 왕비가 된 이래로 아들을 낳지 못했다. 중종의 말에 따르면 장경왕후는 경빈의 소생인 복성군을 예뻐했다 전해진다. 그러다가 잘 알려진 대로 장경왕후도 아들을 낳게 되고, 며칠 만에 세상을 떠난다. 이 아들이 훗날의 인종이다.

아무리 적장자라고 해도 뒷배가 없으면 그 운명은 풍전등화라는 것을 단종이 보여준 바 있다. 그즈음 박원종은 저세상 사람이었고, 장경왕후의 친정 식구로는 훗날 대윤(문정왕후의 외척인 소윤과 대비되는, 장경왕후의 외척 세력을 일컫는 말)을 이끌게 된 외척 윤임이 있었지만 그때까지는 큰 힘이 없었다. 중종도 이걸 잘 알았기 때문에 어린 원자(훗날의 인종)의 후견을 봐줄 사람을 물색했고, 장경왕후의 첫째 딸 효혜공주의 시아버지인 김안로가 낙찰되었다. 김안로는 본래 사림의 한 사람으로, 조광조가 죽었던 기묘사화 때 귀양까지 다녀왔다. 그는 타고난 파이터로 싸우는 법을 몹시 잘 아는 사람이었다. 중종은 한때 조광조에게 그랬던 것처럼 김안로에게 권력을 주었다. 그는 조광조와 무척 다른 타입이었다. 싸워 이기기 위해 수단과 방법을 가리지 않았으며, 상대방을 처참하게 몰락시키는 법도 알았고, 자기 욕심도 무척이나 많았다. 그리하여 작서의 변이 일어나게 되었다.

작서의 변이 벌어졌을 때 당연히 혐의는 경빈과 복성군에게 돌아갔다. 바로 곁에서 세자의 사주를 적은 나무 조각도 발견되었고, 쥐를 불에 지진 이유는 세자가 돼지띠였기 때문에 쥐를 이용해 돼지 형상을 만들기 위함이라고 추정되었다. 지금이야 저주를 허튼 미신으로 여기지만 옛날에는 저주로 실제 사람이 다칠 수 있다고 믿었으며, 무엇보다 다음 왕이 될 세자에게 행해진 저주였으니 이는 역모에 준하는 죄였다. 세자가 죽는다면 가장 이익을 보는 사람은 경빈과 복성군이었으니 당연히 심문이 이어졌다. 매 앞에서 장사 없다고, 경빈의 사위(당연히 중종의 사위이기도 한) 홍려는 고문을 이기지 못해 세자를 저주했다고 자백했다. 결국 경빈과 복성군은 폐서인이 되어 궁궐에서 쫓겨난 뒤 차례로 사약을 받았다.

이 일로 죽은 건 그들만이 아니었다. 기묘사화 이후 세력을 얻었던 심정은 좌의정의 자리에 올라 있었으나 무려 경빈과 간통했다는 혐의까지 받으며 사약을 받고 죽는다. 이로써 세자의 지위는 확고해졌을지 모르나 정권은 확실히 김안로의 손에 넘어가게 된다.

결국 훗날 김안로가 숙청된 다음에야 이 모든 것이 김안로와 그의 아들이 꾸며낸 일이었다는 것이 밝혀졌고, 누명을 벗은 복성군은 복권된다. 억울하게 죽은 왕자이기 때문인지 야담에서는 원통함을 호소하는 귀신으로 자주 등장하기도 한다. 그러나 이 이야기에서 가장 섬뜩한 부분은 복성군의 귀신보다는 '과연 중종이 이 모든 사정을 몰랐을까?'라는 지점일 것이다.

조선왕조실록

08

어린 백성을 보호하라!

하나요

발목이 잘린 아이

[중종]

[연산군을 몰아내고 즉위(중종반정)]

드라마 <대장금>에 등장한
일명 "맛이 좋구나" 왕

중종 28년(1533년) 2월,
관청에 급한 신고 하나가 접수됐습니다.

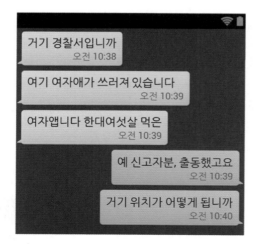

강 옆쪽 언덕인데 빨리좀 와주세요
애기 상태가 이상합ㄴ니다
오전 10:42

예?
오전 10:42

애기가 발목이 없어요
오전 10:44

오전 10:50

내용 입력   전송

둘이요

노비

너무도 참혹했던 이 사건.
즉시 임금인 중종에게 보고됐지요.

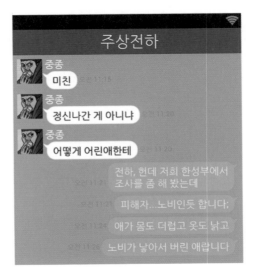

주상전하

중종
미친
오전 11:15

중종
정신나간 게 아니냐
오전 11:20

중종
어떻게 어린애한테
오전 11:20

전하, 헌데 저희 한성부에서
조사를 좀 해 봤는데
오전 11:21

피해자...노비인듯 합니다;
오전 11:21

애가 몸도 더럽고 옷도 낡고
오전 11:26

노비가 낳아서 버린 애랍니다

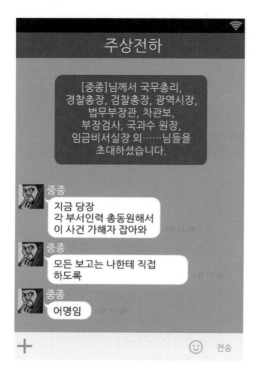

중종
아 뭐야

중종
노비야?

예.....어찌할까요?

중종
어쩌긴-_-)=3

주상전하

[중종]님께서 국무총리,
경찰총장, 검찰총장, 광역시장,
법무부장관, 차관보,
부장검사, 국과수 원장,
임금비서실장 외......님들을
초대하셨습니다.

중종
지금 당장
각 부서인력 총동원해서
이 사건 가해자 잡아와

중종
모든 보고는 나한테 직접
하도록

중종
어명임

+   ☺ 전송

하지만 결국
범인은 잡지 못했습니다.

소녀가 발을 잃은 건
동상 때문이라는 증언이 나왔는데,

그것을 엎을
증거는 찾지 못했으니까요.

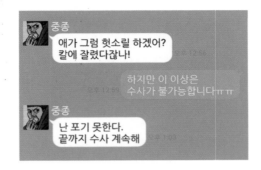

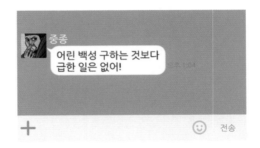

관
심
과
애
정.

특
효
약
은
언
제
나

- 중종 28년, 다섯 살 여자아이가 발목이 잘린 채 발견되다.
- 중종, 영의정, 좌의정, 판의금부사 등 당상관급에게 하나하나 보고받으며 수사 이끌다. 요즘으로 치면 장차관급 이상의 페이스들.
- 15일에 걸쳐 밀착수사 진행하다. 그 사이, 『중종실록』에는 온통 "발에 잘린 아이 일을 전교"했다는 기록이 이어진다.
- 중종, 아이를 소환조사하자는 말에 "아픈 애를 어딜 외출시키냐"며 만류하다. 아이를 임시로 간호하는 자에게 "그 애 잘못되면 너도 잘못될 거다" 반 협박하다.
- 용의자로 수양어미가 지목됐으나, 당시 아이가 심한 동상에 걸려 발이 이미 못 쓸 상태였고 아이를 버린 건 주인의 꾸중 탓이라는 증언이 나오다. 더 이상 물증이 없어 수사 중단하고, 사건은 미궁에 빠지다.
- 중종, 수사 중 말하길, "백성을 구휼하는 정사 중에 가장 먼저 할 일로 이 같은 어린아이를 구하는 것보다 더 급한 일은 없다."

- 국무총리나 경찰총장 등의 직급은 없었다.

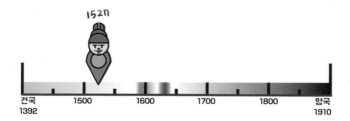

1520

건국 1392　1500　1600　1700　1800　망국 1910

- 여덟 번째 이야기 -
애들 싹수가 노랗다고
누가 말했나?

요즘이야 어린이들이 나라의 기둥, 우리의 미래라고 하지만 옛날에는 딱히 그렇지 않았다. 아이들이란 힘도 약하고 어리기에 보호해 주는 사람이 없으면 언제나 위험한 일을 당하기 십상이었고 많이들 다치고 죽었다. 흉년이 들면 가장 먼저 버림받았고 굶주림과 병으로 죽어갔으며, 때로는 지나친 처벌을 받기도 했다. 아홉 살짜리 아이가 학대받고 성폭행당하는 일이 벌어지기도 하고, 어린아이가 왕족들에 대해 함부로 이야기했다고 해서 끌려가 조사를 받는가 하면 성균관에서 심부름하는 노비 아이들이 너무 심한 체벌을 받아 지켜보는 양반 어른들마저 "저건 좀 아니지 않느냐"라고 말할 정도였다.

조선시대 아동의 인권 실상에 대한 자료를 찾아봤다가는 밥맛이 뚝 떨어지는 참혹한 일들이 너무 많기 때문에 절대로 찾아보기를 권하고 싶지 않을 정도이다. 이처럼 잔인한 시대였지만 그래도 애들은 애들이었다. 잘 놀고, 씩씩하고, 사고도 치고, 그리고 어른으로 자라났다.

조선시대 소위 '위인'들의 과거를 둘러보면 참 재미가 없다. 개나 소나 서너 살에 글을 읽기 시작했고 심한 경우 두 살에 시를 지었다고까지 한다. 조선시대 때 널리 퍼져 있던 조기교육의 효과이거나 정말 그렇게 천재들이 많았거나 과장 섞인 거짓말이거나 셋 중 하나일 것이다. 기록에 남은 아이들의 모습이 워낙 애어른이다 보니 사고뭉치였던 '평범한' 아이들의 기록이 오히려 신선하게 다가온다.

한 아이가 있었다. 일찍부터 공부는 던져놓고 하루 종일 뛰어놀았다. 당시 아이들의 핫 이슈는 군사놀이戰爭戲. 애들끼리 편을 갈라 진지를 만든 뒤 싸우는 놀이였다. 구체적인 놀이 방법은 알려져 있지 않지만 지금의 전쟁놀이와 크게 다르지 않았을 것이다.

그런데 그 아이는 그냥 노는 데서 그치지 않고 나무로 활과 화살까지 만들었다. 그러고는 지나가는 어른들이 훈계라도 할라치면 화살을 눈에 노려 겨누기까지 했다. 아무리 애가 만든 장난감이라 해도 뾰족한 화살이니 잘못 맞았다가는 큰일이었다. 그래서 어른들마저 차마 그 아이를 못 건드리고 피해 다녔다 하니, 막말로 길거리 깡패가 따로 없었다.

이 아이는 무럭무럭 자라 어른이 되어 (당연히 과거는 보지 못하고) 무과에 응시했지만 다리만 부러뜨려 먹고 탈락하고 말았다. 이후에 일하던 곳에서도 직장 상사와 싸우기만 하고 적응을 못하다가 형 친구의 빽으로 전라좌수영에 낙하산으로 들어간다. 이후로는 임진왜란 때 왜의 배를 열심히 가라앉혀 남해 바다의 부영양화에 힘을 썼으니, 그가 충무공 이순신이다.

『난중일기』나 드라마, 영화에서 늘 의젓하고 단호한 모습만 보여주던 그에게 이런 과거가 있다는 게 믿기지 않을지도 모른다. 그러나 그의 어린 시절이 기록된 책은 다른 누구도 아닌 바로 그를 전라좌수영에 꽂아준 유성룡이 쓴 『징비록』이다. 지금쯤 이순신은 유성룡을 붙들고 "왜 그런 흑역사를 마음대로 밝혔냐"라며 화를 내고 있을지도 모르지만 어쩌겠는가. 유성룡은 어렸던 이순신이 정말 용감하고 씩씩하며 장군감이었다고 생각해 과거사를 탈탈 털어댔으니 이것은 콩깍지에서 비롯된 선의의 기록이었다.

그러니 어린 시절로 사람을 함부로 재단하고 평가하지 말 것. 지금 꽥꽥 소리를 지르며 뛰어다니는 아이들이 훗날 위인이 될지 누가 알겠는가?

나는 조선의 세자.
내겐 열아홉 살 어린 동생이 있다.

人數多口來門

Hey_ho : 우리 귀여운 꼬맹이랑~^^

얼마나 귀여운지 모른다.
우애 깊은 우리, 보기 좋지^^?

人數多口來門

Hey_ho : 경원아, 형 찾아봐라~><

한데 참 이상하다.
이토록 행복한 우리 형제를 보며,

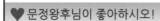

🖤 문정왕후님이 좋아하시오!

Big_김안로 : 헐-_-;;;
Big_윤임 : 어허
Small_윤원형 : 말도 안 돼-_-;;;

대체 왜들 이러는지;?

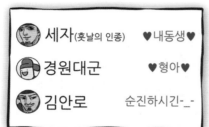

😊 세자(훗날의 인종)　　🖤내동생🖤

🧢 경원대군　　　　　🖤형아🖤

😠 김안로　　　　　순진하시긴-_-

[세자 이호(훗날의 12대 인종)]

중종의 큰아들.
학문을 즐기며 효심이 깊다.

김안로(누나네 시아버지)

저하-_-

경원대군과 함께하신
사진 봤습니다

세자(훗날의 인종)

오 대감ㅎㅎ
어때요? 잘 나왔죠?

김안로

-_-솔직히 말씀드려도 됩니까?
이해 안 갑니다.

대군을 왜 그리 예뻐하세요?
어차피 친동생도 아닌데?

그러니 더 보듬어야지요ㅎㅎ
나 배경도 바꿨습니다

우리 꼬맹이 쑥쑥 자라는 거
기특하지 않소ㅠㅠ?

김안로

아뇨 저하-_-

돌려돌려 말했더니
찰떡같이 알아듣질 못하시네!

??;;;

김안로

저 귀여운 남동생이
저하를 죽일지도 모른다고요!

전송

경원대군(11세)은
새어머니께서 낳은 아이.

그래서, 이렇게들 뾰족하게 군다.

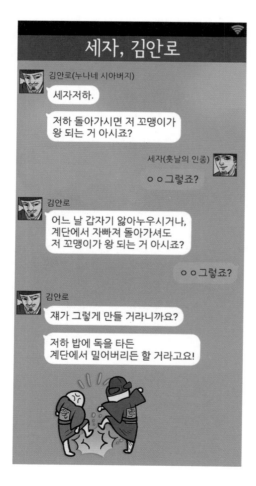

나 원 참....

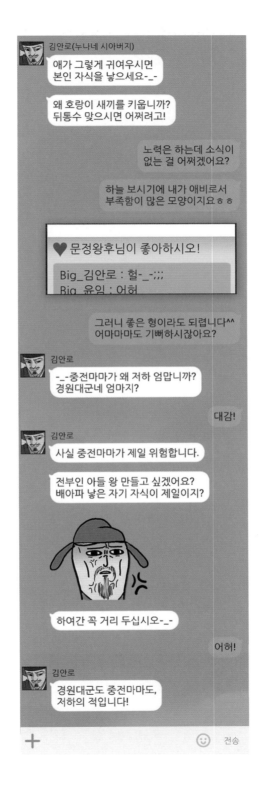

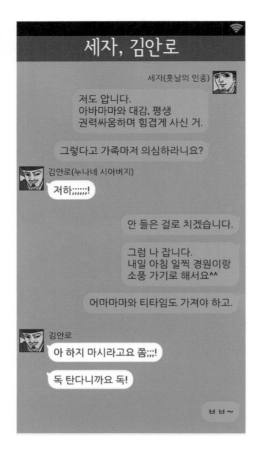

나는 빙긋 웃어 보였다.
대감도 참, 걱정이 많다.

결국 사랑은 승리하는 법.

훈훈한 모습으로
대감의 걱정을 녹여주리라!

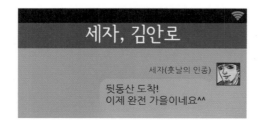

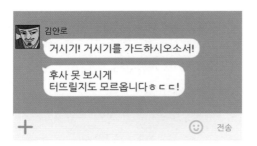

"사람 도리 하다가
명 재촉하실 겁니까ㅠㅠ!"

경원아~정말 너무들 하는구나.

대명천지 세상에

허허……

착해서 죽는 사람이
어딨단 말이냐ㅎ?

인종, 중종이 붕어하자 즉위하다.
성군감이라 칭송받다.

그러나 '지극한 효심' 때문에
장례를 치르는 내내 밥을 굶고 건강을 해쳐
8개월 만에 사망하다.

경원대군, 뒤를 이어 '명종'이 되다.

- 중종, 세 번 결혼하다. 첫째 부인 단경왕후는 연산군에게 충성한 가문의 딸이라 이혼(당)하고, 둘째 부인 장경왕후는 아이(인종)를 낳고 죽다.
- 중종의 큰아들 세자(인종), 어려서부터 공부 잘하고 현명하기로 소문나다. 그러나 서른이 되도록 자식을 낳지 못한다. 중종과 신하들, 후궁이라도 많이 들여야 하나 고민하다.
- 셋째 부인 문정왕후가 아들 경원대군을 낳자, 두 왕자를 두고 관료들 파벌 갈리다. 세자(인종)를 지지하는 이들을 대윤(윤임, 김안로 등), 경원대군을 지지하는 이들을 소윤(윤원형 형제)이라 부르다.
- 김안로 등, 소윤이 세자를 해할 것이라며 경계하다. 그러나 세자, 아랑곳 않고 문정왕후와 열아홉 살 어린 경원대군을 보살피다.
- 중종도 의견 함께하다. 심지어 세자궁에 정체 모를 화재가 나서 소윤이 의심받을 때도 "실수로 난 불을 정치적으로 확대해석 하지 말라. 효자인 세자가 슬퍼한다"며 소극적으로 대처하다.
- 중종, 권신 김안로를 내칠 때 "당파 싸움을 즐기며 세자에게 괜한 말을 쏘삭거린다"는 혐의 씌우다.

- 대윤이 세자에게 급소를 보호하라고 충고한 기록은 없다.

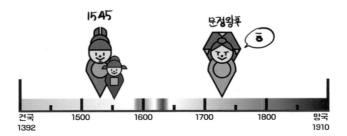

- 아홉 번째 이야기 -
권신 김안로의 최후

중종의 두 번째 왕비였던 장경왕후는 인종의 어머니로 잘 알려져 있지만 자식이 한 명 더 있었다. 중종의 장녀인 효혜공주이다. 중종은 이 딸을 몹시 사랑했고(중종은 자식들에게 대체로 상냥했다. 복성군을 죽게 하긴 했지만.) 그래서 효혜공주가 시집갈 때 사돈 김안로를 일부러 불러다가 딸이 귀하게만 자랐으니 앞으로도 시아버지로서 잘 돌봐 달라는 말을 직접 내리기까지 했다.

김안로가 강력한 권세를 가지게 된 것은 중종의 자식 사랑에 힘입은 바가 컸다. 김안로는 이것을 적극 이용했다. 그는 장경왕후의 오빠, 곧 세자의 외삼촌인 윤임과 더불어 세자를 지지했고 그러기 위해 수단방법을 가리지 않았다. 경빈과 복성군을 죽음으로 몰고 간 불탄 쥐와 저주글을 제작한 사람이 김안로의 아들인 김희였다고 하니 말이다.

김안로가 정말 저주에 효과가 있다고 믿었을 사람 같지는 않다. 단지 이를 이용해 적들을 제거한 것으로 추측된다. 이처럼 수단을 가리지 않고 적을 제거했던 김안로는 자신의 욕심에도 솔직했고, 좌의정 자리에 앉아 국정을 이래라 저래라 호령했다. 싸움꾼 기질이 있어 미워하는 사람은 어떻게든 쫓아내야 직성이 풀렸고, 반대로 마음에 드는 사람은 무슨 수를 써서라도 높은 자리에 앉히곤 했다. 자기가 좋아하는 보신탕 요리를 자주 바친 사람에게 높은 벼슬을 줄 정도였다. 그래서 나온 말이 가장주서家獐注書, 개장 즉 보신탕을 잘 만들어 주서가 된 사람이란 말이다.

실록에 실린 것이 믿기지 않을 만큼 그의 권력 비리는 저열했다. 그렇다고 지어낸 이야기라 하기에는 실제로 김안로에게 보신탕을 바친 진복창이란 문신이 있었고, 김안로는 식탐이 많아 중종에게도 "요즘 궁궐 밥이 맛이 없습니다"라고 투덜대는 사람이었다.

하지만 이런 김안로의 권세에도 끝이 왔다. 효혜공주는 1531년(중종 26) 4월, 아이를 낳은 뒤 세상을 떠났다. 그로부터 몇 달 지나지 않은 10월에는 김안로의 아들 김희도 세상을 떠나고 만다. 실록은 김안로가 공주를 이용할 작정이었고, 아들 덕에 권세를 부렸다고 비꼬고 있다. 그런데 며느리와 아들이 모두 죽은 것이다. 중종의 행보를 생각해 보면 그들이 살아 있었다 해도 김안로의 목을 날리는 데 그다지 주저하진 않았을 것 같지만 말이다.

1537년(중종 32), 김안로는 신하들을 선동해 문정왕후의 형제인 윤원로를 공격했다가 하루아침에 몰락한다. 그 전날까지만 해도 김안로는 당당하게 조정에서 "윤원로를 처벌해야 한다"라고 큰소리로 말했는데, 다음날에는 "김안로가 나쁘니 귀양을 보내자!"라는 말이 나왔고 중종은 그 건의를 냉큼 실행으로 옮겼다. 단순한 변덕이 아니었다. 김안로와 친했던 신하들을 미리 힘 못 쓰는 자리에 옮겨 두었고, 김안로의 또 다른 아들 김시가 결혼하는 날을 노려 중종은 군사를 보내 김안로의 집을 포위하고 그를 체포해 귀양을 보낸다. 죄목은 자기 파벌을 키우고 권세를 휘둘렀다는 것, 그리고 국모를 해치려 들었다는 것. 여기서 말하는 국모란 당시 중전인 문정왕후이다.

그동안 주변에 원한을 착실하게 쌓은 덕분인지, 김안로가 몰락했을 때는 조광조가 그랬던 때처럼 편을 들어주는 사람도 없었다. 김안로가 귀양을 간 지 고작 3일 만에 중종은 "차마 못할 짓이지만 다른 사람들이 하도 그러라고 하니까 어쩔 수 없지"라며 사형을 명했고 김안로의 세상은 그렇게 끝나고 말았다. 문정왕후가 김안로를 제거한 흑막인 것처럼 이야기되기도 하지만 실제로 김안로를 축출한 주체는 누구도 아닌 중종 본인이었다. 한때 김안로에게 온갖 총애를 내렸던 중종은 그렇게 순식간에 김안로를 죽이고 말았다. 이전의 누군가에게도 그랬듯이. 조선왕조실록

하나요
단식

저는 12대 임금,
인종을 모시는 상궁입니다.

**근데 저 어쩌죠?
어쩌면 좋죠?**

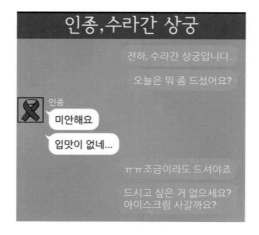

인종, 수라간 상궁

전하, 수라간 상궁입니다.

오늘은 뭐 좀 드셨어요?

인종
미안해요

입맛이 없네...

ㅠㅠ조금이라도 드셔야죠

드시고 싶은 거 없으세요?
아이스크림 사갈까요?

인종
됐어요 괜찮아

피자? 치킨은 어떠세요?

인종
아냐 정말 신경쓰지 마요

아바마마 3년상중에
내가 어떻게 밥을 먹어......

나 좀 잘게요

전하ㅠㅠㅠㅠ!!!!!

인종
ㅁ | 안......

➕   ☺ 전송

우리 전하가
밥을 안 드세요ㅠㅠ!

3년상.

부모님이 돌아가셨을 때,
고기 끊고 통곡하며
3년을 슬퍼하는 거예요.

[11대 왕 중종 : 인종의 아버지]
〈대장금〉의 '맛이 좋구나'로 유명

근데 솔직히,
철썩같이 지키진 않거든요?
오래 전부터요!

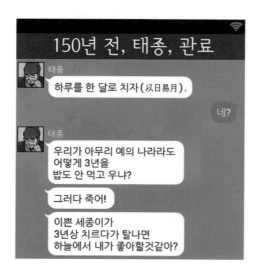

150년 전, 태종, 관료

태종
하루를 한 달로 치자(以日易月).

네?

태종
우리가 아무리 예의 나라라도
어떻게 3년을
밥도 안 먹고 우냐?

그러다 죽어!

이쁜 세종이가
3년상 치르다가 탈나면
하늘에서 내가 좋아할것같아?

아……

태종
그러니까 센스있게
30일만 슬퍼하고 털자구.

ㅇㅋ?

+   ☺ 전송

그래서 보통 임금님들,
2주면 상복 벗고
27일이면 일상에 복귀해요.

**근데 왜
우리 전하는⋯⋯.**
ㅠㅠ

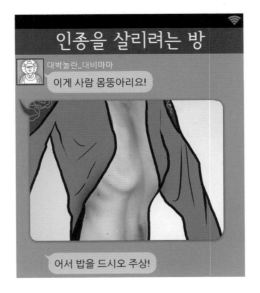

인종을 살리려는 방

대박놀란_대비마마
이게 사람 몸뚱아리요!

어서 밥을 드시오 주상!

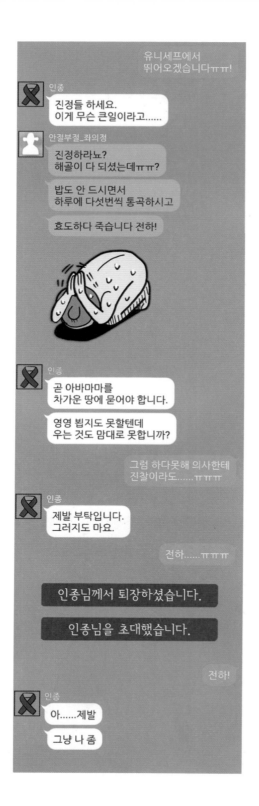

유니세프에서
뛰어오겠습니다ㅠㅠ!

인종
진정들 하세요.
이게 무슨 큰일이라고......

안절부절_좌의정
진정하라뇨?
해골이 다 되셨는데ㅠㅠ?

밥도 안 드시면서
하루에 다섯번씩 통곡하시고

효도하다 죽습니다 전하!

인종
곧 아바마마를
차가운 땅에 묻어야 합니다.

영영 뵙지도 못할텐데
우는 것도 맘대로 못합니까?

그럼 하다못해 의사한테
진찰이라도......ㅠㅠㅠ

인종
제발 부탁입니다.
그러지도 마요.

전하......ㅠㅠㅠ

인종님께서 퇴장하셨습니다.

인종님을 초대했습니다.

전하!

인종
아......제발

그냥 나 좀

울게 해줘요……

결국 9개월 뒤.
왕이 된 지 겨우 9개월 만에

전하는
극락에 가셨답니다.

저언하아……

우리 효자 전하.
지금쯤 저세상에서
아바마마 뵙고 있겠지요……?

"아바마마!"

"아바마마가 그리워 소자,
달려왔습니다!"

"아바마마!"

셋이요 극락에서

"도로 가!"

건강한 게
최고의 효도야. 끝.

중종이 인종을
얼마나 예뻐했는데 쯧쯧
펴이나 좋아했겠다.

실록에 기록된 것

- 인종, 학문을 즐기며 아랫사람들을 겸손히 대하다.
- 인종, 아버지 중종이 죽자 몇 달이나 식사를 소홀히 하며 통곡하다.
- 태종, 세종에게 "몸 상해가며 제사하는 건 효도가 아니라"며 오래 전 중국에서 시행하던 이일역월제 추천하다.
- 바싹 말라버린 인종. 놀란 관리들과 대비, 이일역월제를 따라 식사 좀 하시라고 애원하다. 그러나 인종, 고작 이 정도를 효도라 부를 수 있겠냐며 겸손하다.
- 쓰러진 인종, 별것 아니라며 진찰도 사양하다. 그러나 이미 약도 못 넘기게 된 몸.
- 인종, 자신을 말리는 관료들에게 "내가 오직 통곡하고 싶다고 말했건만 왜 못하게 하는가"라며 원망하다.
- 인종, 재위 9개월 만에 사망하다.

기록에 없는 것 픽션

- 어버이날에 극락을 찾아간 인종에게 중종이 킥을 날렸다는 기록은 없다.

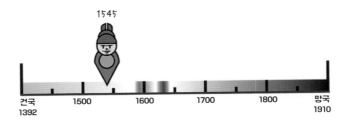

1545

건국
1392　1500　1600　1700　1800　망국
1910

- 열 번째 이야기 -
손가락을 자른 사람들

유교의 나라 조선이 가장 중요하게 여겼던 가치는 충忠과 효孝였으며, 그중에서도 하나를 고르라면 효였다. 효도는 좋은 일이다. 힘들게 자신을 낳고 길러준 부모에게 보답하는 일이 왜 나쁘겠는가? 하지만 효가 절대적인 지상명제로 여겨지면서 때로는 괴상한 양상으로 이어지기도 했다. 임진왜란 때 전장 한복판에서 군사를 지휘하던 사령관이 부모가 세상을 떠났을 때 당장 돌아가 3년상을 치르지 않았다는 이유로 불효자라고 욕을 먹고 사회적으로 매장을 당할 정도였으니 알 만하다.

3년상을 치르며 식음을 전폐하다가 영양실조로 몸이 약해져 죽는 사람도 꽤 많이 나왔다. 이게 무슨 효도냐는 비판은 꾸준히 나왔지만 효도에 목숨을 거는 세태는 쉽게 사라지지 않았던 모양이다.

병적인 효도에 사람들이 경쟁적으로 집착하면서 또 하나의 병폐가 등장한다. 바로 손가락 자르기. 이 이야기는 오늘날까지도 유명하다. 병으로 죽어가는 부모에게 자식이 손가락(특히 넷째 손가락이 자주 언급된다)을 잘라 그 피를 먹였더니 병을 떨치고 일어났다는 기적 같은 이야기가 그것이다.

부모를 살리고자 하는 자식들의 정성이 하늘에 통했던 것일까, 먹거리가 부족하던 시절이라 사람의 피마저 명약이 되었던 것일까? 그 처방에 실제 의학적 효과가 있었건 없었건 '자신의 살을 잘라 피를 흘리면서까지 부모를 살리려는' 진정성에 사람들은 많은 감동을 받았고, 나라는 그런 효자들을 뽑아 신분까지 세탁해주며 벼슬과 상을 내리는 등 효도를 장려했다.

장려한 것까지는 좋다. 그러나 실록은 오랜 시대에 걸쳐 참으로 많은 '손가락을 자른 사람'들의 이야기를 소개하고 있다. 부모가 아프거나 남편이 아프거나 이유

는 가지각색이되 참으로 많이도 잘랐다. 그런데 그 많은 효자와 열녀들을 보면 감동이 느껴지기는커녕 마음 한 구석이 섬뜩해진다. '우와 대단해!'보다는 '이게 뭐야 무서워'에 가까운 감정이다.

1439년(세종 21), 평안도 가산군에 사는 아홉 살 아이들이 각자 제 아버지를 낫게 하기 위해 손가락을 자른 일이 있었다. 열두 살, 열세 살 아이들도 제 살을 베어 부모에게 먹여 효자로 표창되었다. 어른들뿐 아니라 어린아이들 사이에서도 손가락 자르기 열풍이 불었던 것이다.

정조는 1790년(정조 14) 충청도에서 올라온 자기 다리 살을 베어 부모에게 먹인 세 어린아이의 이야기를 듣고 "효자와 열녀 이야기는 다 내용이 비슷비슷해서 고르기가 어렵다"라는 평을 할 정도였다. 그 말대로 너무도 많은 사람들이 살을 베고 피를 흘렸다. 물론 개중에는 정말 절실하게, 부모가 낫기를 바라며 칼을 들었던 사람도 있었겠지만 고작 열 살 남짓한 아이들이 집단적으로 그런 일을 한다는 건 이미 정상적인 상황이라 보기 힘들다.

그들의 부모는 정말 아팠던 걸까? 국가가 인정하는 효자가 되면 벼슬과 표창을 받고 온 가족이 갖은 특혜를 누릴 수 있다. 그런 보상을 위해서라면 까짓 아이의 손가락 하나쯤은 얼마든지 자를 수 있었던 것은 아닐까?

다행히 정조는 아이들을 효자로 인정하고 먹을 것을 넉넉하게 내려주었다. 하지만 앞다투어 손가락을 자른 사람들의 기록은 여전히 마음을 찜찜하게 한다. 조선왕조실록

11
마마보이 명종

 명종　　ㅠㅠㅠ

 문정왕후　엄마말 들어!

 하성군　긴장

하나요 수렴청정

1545년 7월 6일.

[중종의 작은아들, 13대 명종]

나는, 자식 없이 돌아가신 형님
인종의 뒤를 이어 즉위했다.

※수렴청정 : 대비가 어린 왕 뒤에 발을 쳐놓고 나랏일 돕는 것.

당시 내 나이 열두 살.
앞뒤 분간 못하는 꼬마라,
그저 어마마마 말대로 했지.

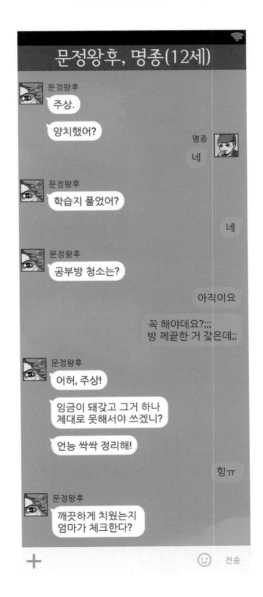

그랬던 내가, 벌써 스무 살.

이제 다 큰 어른이다.
어마마마 간섭도 끝이야!

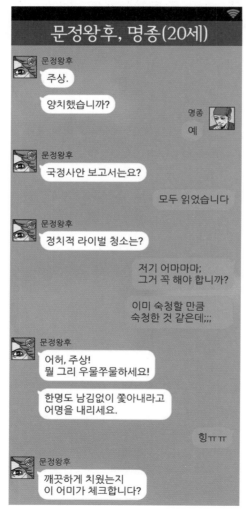

문정왕후, 명종(20세)

문정왕후
주상.

양치했습니까?

명종
예

문정왕후
국정사안 보고서는요?

모두 읽었습니다

문정왕후
정치적 라이벌 청소는?

저기 어마마마;
그거 꼭 해야 합니까?

이미 숙청할 만큼
숙청한 것 같은데;;;

문정왕후
어허, 주상!
뭘 그리 우물쭈물하세요!

한명도 남김없이 쫓아내라고
어명을 내리세요.

힝ㅠㅠ

문정왕후
깨끗하게 치웠는지
이 어미가 체크합니다?

어;?

어명보다 무서운
'엄마의 명령'

그 뒤로 십 년을 더
어머니 치마폭에 꽁꽁 싸여 있었다.
때론 울기도 했다.

이 엄마 말 안 듣습니까!

흐어ㅇ유ㅠㅠㅠㅠㅠ

하지만 이제
꼭두각시 삶도 끝!

이제 정말 날개 한 번 펼쳐보자!

정신을 차리니 중환자실이었다.
상복도 벗기 전이었다.

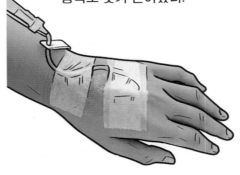

원래 허약체질이긴 하지만,
맥없이 쓰러지다니…….

어;?

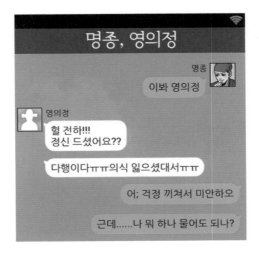

명종, 영의정

명종
이봐 영의정

영의정
헐 전하!!!
정신 드셨어요??

다행이다ㅠㅠ의식 잃으셨대서ㅠㅠ

어; 걱정 끼쳐서 미안하오

근데……나 뭐 하나 물어도 되나?

얘가 왜 여기 있어?

하성군.
내 조카다.

똘똘한 녀석이 일찍 아빠를 여의고,
엄마까지 잃었다고 들었는데

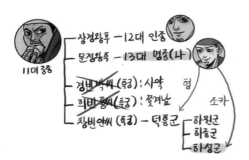

얘 옷차림이 왜 이래;?

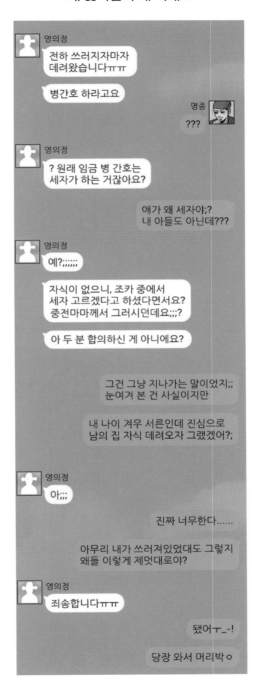

13대 명종,
34세에 병으로 급사하다.
후계자를 미처 정해놓지 않다.

명종의 중전,
평소 눈여겨보던 조카에게
왕위 물려주니

이가 바로 14대 왕
'선조'다.

그리하였다고 한다. 끝.

정사 正史

실록에 기록된 것

- 13대 명종, 12세에 즉위하다. 어머니 문정왕후가 수렴청정하다.
- 문정왕후, 자신과 명종을 적대시했던 대윤 일파를 숙청하다. 자신의 일가친척이 주요 인사인 소윤 일파가 주도권 잡다. (을사사화)
- 문정왕후, 명종이 20세 되던 해 수렴청정 거두다. 그러나 불교 진흥책, 내수사 강화 등 문정왕후가 추진하던 정책들 대부분 유지되다.
- 문정왕후, 명종을 평범한 집 엄마가 아들 혼내듯 꾸중하다. 명종, 혼난 뒤 후원에서 목놓아 울기도 했다고.
- 명종의 아들 순회세자, 13세에 요절하다. 명종, 오열하다.
- 1565년 5월, 문정왕후 사망하다.
- 1565년 9월, 명종 심하게 앓다. 의식을 잃자 명종의 중전, 조카 하성군을 불러 간호시키다.
- 하성군의 아비 덕흥군은 "성품이 교만하고 사람을 구타하며 재상을 능욕하고 기생을 쫓아다닌다"며 탄핵당한 적이 있는 문제아.
- 명종, 병석에서 일어난 뒤 하성군을 세자로 삼기는커녕 별반 특별한 애정 보이지 않다. 오히려 영의정 이준경이 "빨리 조카들 가운데 세자 정하라" 청하자 불충하다며 화내다.
- 명종, 덕흥군의 세 아들 및 다른 조카에게 특별히 선생을 붙여서 가르쳐보라고 명하다. 이때까지도 딱히 하성군을 세자로 지목하지는 않다.
- 1567년, 명종 갑자기 위독해지다. 관료들이 세자 청하자 중전, "전에 밝혔듯 하성군에게 전위한다" 하다. 명종, 무어라 입을 움직였지만 말을 하지 못하다. 하성군 즉위해 선조가 되다.

기록에 없는 것

픽션

- 하성군은 사과를 깎지 않았다.

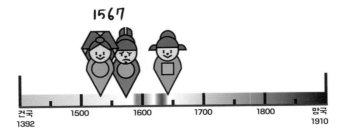

1567

건국 1392 | 1500 | 1600 | 1700 | 1800 | 망국 1910

문정왕후의 수렴청정

왕이 죽을 경우, 보통은 후계자 훈련을 꾸준히 받아온 세자가 뒤를 이었다. 그것이 여의치 않은 경우에는 가장 가까운 남자 친척 중 하나가 다음 왕이 되었다.

그런데 만약 왕이 너무 어리거나 후계자 수업을 전혀 받지 못했다면? 나라는 왕이 혼자서 다스리는 것이 아니며 여러 관리들과 정치 기구, 법전 및 체계가 있었다. 따라서 왕이 없어도 그럭저럭 돌아갈 수는 있는 구조였지만 그래도 왕국에 왕이 없을 수는 없는 법. 그래서 만들어진 시스템이 수렴청정垂簾聽政이었다.

뜻을 그대로 풀이한다면 '발을 내려뜨리고 정치를 듣는다'. 왕실의 가장 웃어른인 대비가 왕을 도와 정치를 하는 것을 말한다. 드라마에서는 어린 임금이 왕좌에 앉아 있으면 그 뒤에 발을 내리고 대비가 앉아 이리저리 지시를 하는 식으로 묘사되지만 대비가 항상 발 뒤에 앉아 모든 정치를 했던 것은 아니었다. 무엇보다 정치를 한다는 뜻의 집정執政이 아닌 청정이었으니, 대비는 어디까지나 거들 뿐 직접 나라를 다스리는 것은 어디까지나 왕이었다.

수렴청정은 특별한 정치 형태이긴 했지만 은근히 자주 있었는데, 그만큼 왕이 갑자기 죽거나 후계자가 없는 경우가 상당히 많았기 때문이다. 조선왕조만 해도 대략 일곱 명의 왕이 수렴청정 과정을 거쳤다. 여기에도 나름의 규칙이 있었으니, 만약 직계 할머니와 어머니가 동시에 살아 있으면 할머니가 수렴청정을 했다. 그래서 성종이 13세 나이에 삼촌 예종의 뒤를 이어 즉위했을 때는 그의 어머니인 인수대비 대신 할머니인 정희왕후가 수렴청정을 맡았다.

그런데 아무리 직계 어머니가 살아 있다고 해도 정실부인이 아니면 수렴청정을 할 수 없었다. 선조나 철종, 고종은 모두 친어머니가 아닌 선왕의 대비들이 수렴청정을 담당했다. 그러다가 왕이 성인이 되어 충분히 정치를 할 수 있게 되면 대비는 발을 걷고 정치 일선에서 물러나야 하는 것이 규칙이었고, 이때 왕과 신하들은 (내심은 어떻든) 아직 왕이 어리고 미숙하니 명을 거두어 달라는 퍼포먼스를 벌이는 것이 관례였다. 이처럼 수렴청정은 특별하고도 제한적인 정치 형태인 동시에 여성이 정치에 직접 참여할 수 있는 유일한 길이었다.

조선의 대비들 중 수렴청정을 가장 적극적으로 활용한 사람은 역시 문정왕후였다. 그녀는 중종의 세 번째 왕비로, 원래는 전 왕비의 빈자리를 메우기 위해 들어온 신세였다. 그래서 성이 윤씨라는 것을 빼면 집안도 평범했고 중종의 다른 후궁들보다 훨씬 어렸으며 왕비가 된 이후로도 내내 딸만 낳고 아들을 낳지 못했다. 그러던 문정왕후는 14년 만에 처음으로 왕자 경원대군(훗날의 명종)을 낳는다.

그러다가 중종이 세상을 떠나고, 그 뒤를 이은 인종이 즉위한 지 고작 9개월 만에 자식 없이 세상을 떠나자 그 다음 남은 적장자는 12세의 경원대군뿐. 경원대군은 명종으로 즉위했고 문정왕후는 수렴청정에 나서게 된다.

1547년(명종 2) 양재역의 벽에는 "여주女主가 정권을 잡고 간신들이 날뛰고 있으니 나라가 망하겠다"라는 글이 나붙는다. 여기서 말하는 여주란 당연히 문정왕후를 일컫는 말이었다. 이것이 바로 양재역 벽서 사건으로, 이 사건으로 중종의 아들인 봉성군마저 죽임당할 정도로 큰 난리가 벌어졌다. 이런 사건들을 보면 당시 사람들이 문정왕후를 곱게 보지 않았던 것은 분명하다. 야사들에는 문정왕후의 악함을 묘사하는 일화들이 가득하다. 인종을 독살했다느니 세자궁에 불을 질렀다느니 명종의 종아리를 쳤다느니…… 온갖 묘사들대로라면 문정왕후는 유능하다 못해 전지전능한 존재로, 임진왜란 때 문정왕후가 있었다면 혼자서 다 왜적들을 물리칠 수 있지 않을까 생각하게 될 정도이다.

'이게 다 문정왕후 때문이야'라고 생각하는 것은 쉽지만 그럴 리가 있겠는가. 앞서 말했다시피 조선에는 관리와 기구가 있어 왕 혼자 다스리는 나라가 아니었고, 그렇기에 문정왕후가 전권을 휘두를 수도 없었다. 그리고 이즈음 조선에서는 훨씬 더 커다란 병폐가 나타나 나라를 병들게 하고 있었다. 바로 붕당정치였다.

2부

왜란 패밀리

선조 1567~1608년 재위

광해군 1608~1623년 재위

12

붕당붕당 돌을 던지자

김효원	동인 만세!	
심의겸	서인 만세!	
이이	왜들 그러십니까	
선조	그러게	

하나요 사림의 귀환

명종이 사망한
16세기 후반,

조선의 유명한 학자들은
죄다 시골에 숨어 있었다.

안면장부

[속보](1보)임금 친인척들 백성 수탈 의혹!

[속보]로얄패밀리가 관직 다 해처먹다...치사빤스

[칼럼]외척 전성시대...금수저로 태어났어야

 Lee_hwang :
나라 꼴 잘 돌아간다ㅠ
고향에서 애들이나 가르쳐야지

 조식님이 좋아하시오.

그러던 중에 짠 하고,
어린 선조가 즉위했으니.

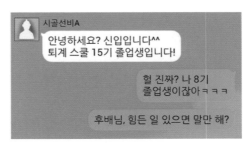

시골선비A

안녕하세요? 신입입니다^^
퇴계 스쿨 15기 졸업생입니다!

헐 진짜? 나 8기
졸업생이잖아ㅋㅋㅋ

후배님, 힘든 일 있으면 말만 해?

선조는 사람을 대거 뽑았다.
그때 이황, 조식 등 유명한
학자들의 제자가 우르르 합격했다.

그들의 돈독한 선후배 관계는
조정에서도 빛을 발했는데.

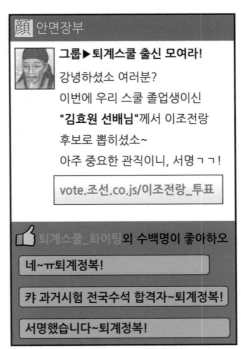

顏 안면장부

그룹▶퇴계스쿨 출신 모여라!

강녕하셨소 여러분?

이번에 우리 스쿨 졸업생이신

"김효원 선배님"께서 이조전랑

후보로 뽑히셨소~

아주 중요한 관직이니, 서명ㄱㄱ!

vote.조선.co.js/이조전랑_투표

퇴계스쿨_화이팅외 수백명이 좋아하오

네~ㅠ퇴계정복!

캬 과거시험 전국수석 합격자~퇴계정복!

서명했습니다~퇴계정복!

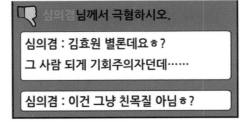

심의겸님께서 극혐하시오.

심의겸 : 김효원 별론데요ㅎ?

그 사람 되게 기회주의자던데······

심의겸 : 이건 그냥 친목질 아님ㅎ?

명망 있는 관료 심의겸이
그들을 저격했다.

 顔 안면장부

 심의겸 :
진짜 오글거리네요.
부끄럽지도 않습니까?

김효원 선배님이 외척한테 아부했다고?

에이 그정도 흠이야 뭐~퇴계정복ㅋㅋ!

같은 스쿨 출신은 우르르 떠받들고,
독학한 애들은 근본 없다면서 왕따시키고.

이게 선빕니까? 일진이지?

👍 윤두수, 정철님이 좋아하시오.

윤두수 : 이거레알ㅇㅇ

정철 : 선비는 무슨ㅋ소인배들이네

공격당한 김효원파 사람들,
분노했으니.

顔 안면장부

그룹▶퇴계스쿨 출신 모여라!

심의겸이 누구냐? 왕비의 남동생!
즉 로얄패밀리다!

외척이 감히 선비들을 공격해?
여러분, 깝시다!

 퇴계스쿨,조식학원 **제자들이 좋아하오**

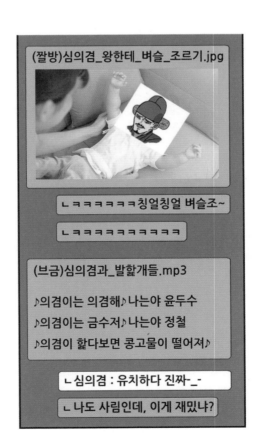

(짤방)심의겸_왕한테_벼슬_조르기.jpg

ㄴㅋㅋㅋㅋㅋㅋ칭얼칭얼 벼슬조~

ㄴㅋㅋㅋㅋㅋㅋㅋㅋㅋ

(브금)심의겸과_발핥개들.mp3

♪의겸이는 의겸해♪나는야 윤두수
♪의겸이는 금수저♪나는야 정철
♪의겸이 핥다보면 콩고물이 떨어져♪

ㄴ심의겸 : 유치하다 진짜-_-

ㄴ 나도 사림인데, 이게 재밌냐?

감정싸움이었던 김 VS 심 대결은

이윽고 정치적 이슈가
되고 말았으니.

동인 파이터즈   서인 노블리스

동인과 서인의 신경전은
점점 거세졌다.

그때, 이런 다툼을
안타까워하는 이가 나타났다.

顔 안면장부

율곡_이이 :
워워 진정하세요^^
훌륭한 분들끼리 왜 싸우세요?

우리 함께 갑시다.
조선 건국 200년, 요즘 많이 쇠했죠.
모두 힘을 모아서, 백성들을 위해
조선을 살기 좋은 나라로 만들어요!

👍 선조 님이 좋아하시오.

성혼 : 동의합니다

선조 : 동의한다

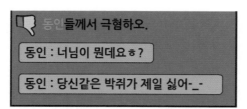

동인들께서 극혐하오.

동인 : 너님이 뭔데요ㅎ?

동인 : 당신같은 박쥐가 제일 싫어-_-

굳센 신념과 강한 자존심으로
똘똘 뭉친 동인 사림들은

이이마저 용납하지 않았으니.

[동인][저격]이이의 십만양병설 미친 거 아닌가?

지금 국고가 텅텅 비었는데 군사 십만을 양성하자고?
진짜 어이가 없다ㅉㅉ 전쟁광이냐?

[동인][저격]율곡 이이. 불교신자 의혹! 십대 시절에 동자승이었다?

충격!!!!!!!!! 율곡 이이, 어릴 때
머리 빡빡 깎고 절에 들어가 공부했다고 합니다!!!!!!
조선의 선비란 사람이 어떻게 그럴수가!!!!!!!!

[중립][역저격]"십만양병설의 진실"

십만양병설이 진짜 십만을 기르자는거냐?
군사를 밥먹일 세금 누가 내냐? 백성들이다.
민생을 먼저 돌보자는 거라고!

[서인][저격]동인들은 지들이 진짜 정의로운 줄 안다ㅋ

학연 마피아 주제에ㅉㅉ

[동인][저격]율곡 선생님이 저렇게 젠틀하신 이유?

어머님이 신사임당ㅋㅋㅋㅋㅋㅋㅋㅋㅋㅋㅋㅋㅋㅋ

동인 : 솔직히 말해보시오. 당신 서인이지?

동인 : 서인 개객끼 해봐

이이 : 유치하게 뭡니까;;;?

이이 : 지금 우리 조선, 백성들은 굶고 국방은 엉망입니다. 싸울 때가 아니죠;;

👍 덧글을 선조 님께서 좋아하시오.

이이 : 전하도 따봉만 날리지 마시고 개혁 좀 도와주세요ㅠㅠ!

👍 덧글을 선조 님께서 좋아하시오.

이이 : 아 진짜ㅠㅠ

잘들 노네

그리하였다고
한다.

끝.

정사 正史

- 이황을 비롯한 학자들, 척신 정치가 횡행하자 낙향하다. 고향에서 제자들 키우다.
- 초보왕 선조, 배우는 임금 자처하다. 사림들을 대거 등용하다.
- 이황의 제자들, 조광조의 무리와 같이 적극적이라며 '소기묘'라 불리다. 파벌을 만들었다고 비꼬는 의미도 담겨 있다.
- 이황과 조식의 가르침 받은 김효원, 같은 학파 사림들의 지지를 받으며 이조전랑 관직 얻다. 인사권을 쥐고 있는 요직.
- 그러자 심의겸, "김효원은 외척 윤원형(문정왕후의 동생)과 오래 지냈는데 그게 강직한 선비가 할 짓인가?" 하고 공격하다.
- 심의겸은 명종 왕비의 남동생이지만 을사사화 때 사림들을 감싸고 같은 외척인 삼촌을 탄핵한 적이 있는 인물. 그러나 공격받은 김효원파 사림들(이황과 조식 제자들 대거, 다수), "외척 심의겸이 분수도 모르고 선비들을 모함한다"며 반발하다. 심의겸파 사림(정철, 윤두수 등 소수)도 맞서 다투다.
- 김효원, 이조전랑 되다. 임기가 끝나 후임을 정하는데, 유력 후보였던 심의겸의 동생 심충겸 대신 다른 이를 추천하다. 대립 격화되다.
- 김효원파 사림은 동인, 심의겸파 사림은 서인으로 갈라서다.
- 율곡 이이, 외척들의 특권 박탈, 세금 낮추기, 국방 강화, 서얼 차별 철폐 등 각종 개혁안 들고 나오다. 특히 민생을 풍요롭게 할 것을 강조했다. 이이, "조선은 건국한 지 200년이나 되어 구태의연함에 빠져 있다. 마치 힘을 잃은 노인과 같으니, 지금 개혁하면 천년만년 영광을 누릴 것이고, 개혁하지 않으면 나라가 패망할 것이다"라며 변화와 실천 강조하다. 그러나 집권층인 동인, 이이를 "양시론자"라며 비판하다. 선조, 이이를 아끼다. 그러나 이렇다 할 실천은 하지 않고 사림들의 눈치를 살피기에 이이, "실천을 하셔야지 늘 선비들을 불러다 말씀만 들으시면 어떡합니까?" 호소하다.
- 1584년 이이, 사망하다. 동인에게 공격당하던 이이, 얼떨결에 서인의 영수가 되다.

픽션

- 짱방 싸움을 하지는 않았다.

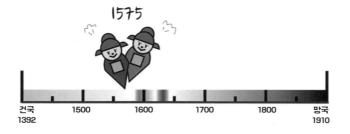

1575

건국 1392   1500   1600   1700   1800   망국 1910

십만양병설의 진실

명종~선조 시대에는 뛰어난 사림 유학자들이 대거 배출되었다. 가장 유명한 퇴계 이황 이외에도 남명 조식이나 서경덕 등 이름난 유학자들에게서 배운 제자들이 대거 정계에 진출했고, 그 전까지 공신, 외척들에게 장악되어 있던 조선의 정권은 사림에게 넘어간다.

문제는 이 학파들이 당파 싸움의 시초가 되었다는 것. 끊임없는 당파간의 용쟁호투가 이어지던 어느 날, 조선에는 한 마리 봉황이 등장한다. 율곡 이이다. 조선 역사상, 아니 한반도 역사상 손꼽히는 천재였던 그의 가장 특출한 점은 스승이 없었다는 것. 그는 누구의 도움도 받지 않고 자신의 학문 세계를 만들었다. 그랬기에 왕따를 당하기도 했지만 동시에 파벌 싸움에서도 자유로웠고, 그래서 그 누구보다도 당파를 강력하게 반대할 수 있었다. 율곡 이이는 한결같이 외쳤다. "지금은 나라가 점점 무너져가는 때이니 사회나 경제나 모두 새로 깨어나야 한다! 서로 싸우고 있을 때가 아니다!" 그는 평생을 바쳐 당파를 반대하고 조선의 개혁, 즉 경장更張을 부르짖었다.

이이는 자수성가형 천재답게 홍시 맛이 나면 홍시 맛이 난다고 말하는 성품이었다. 그래서 이황을 비롯한 당대 유명한 학자들의 잘못을 공개적으로 비판했고, 그 제자들의 속을 북북 긁어 대었으며 결국 이황의 제자인 동인들과 사이가 나빠졌다. 아무리 높은 사람이라도, 스승이라 해도 잘못한 것은 자유롭게 비판할 수 있어야 깨인 사회겠지만 당시 조선은 그렇지 않았다. 이이가 말했던 대로 조선은 차츰 생기를 잃고 늙어가고 있었다.

이이는 상대방의 잘못을 꼭 코앞에서 지적해줘야 직성이 풀렸다. 유성룡이 젊었을 때 중국의 사신들을 맞이하는 일을 담당하게 되었는데, 이때 이이는 주변 사람들이 말려도 듣지 않고 유성룡 앞에 달려가 절차가 잘못되었다며 고래고래 소리를 질렀다. 유성룡은 스트레스가 쌓여 "이이는 정말 똑똑하지만 말이 너무 심합니다!"라며 선조에게 이이의 험담을 하기도 했다. 둘이 싸웠다는 소문까지 돌더니 유성룡은 마침내 이런저런 핑계를 대고 시골로 내려가버렸다. 막상 이이는 유성룡같이 뛰어난 사람이 왜 자신과 함께 일하려 하지 않을까 탄식하며 몹시 아쉬워했다고 하니, 자신이 한 일이 얼마나 남을 상처 입혔는지는 전혀 몰랐던 것 같다.

아이러니한 것은 이처럼 혼자 활동했던 율곡 이이가 훗날 서인의 종주로 여겨지게 되었다는 것이다. 본인이 이 사실을 안다면 기막혀 할 노릇이지만 이이도 말년에는 "그나마 서인들이 말이 통한다"며 가까이 지냈던 것도 사실이다. 그리하여 소모적인 당파 싸움을 혐오했던 이이의 뜻과는 정반대로, 그는 당파 싸움에서 훌륭한 빌미로 철저하게 이용당했으니 그 유명한 십만양병설이 그렇다. 내용인즉 이이가 생전에 병사를 10만 명 키우자고 건의했지만 동인이 반대했고 훗날 임진왜란이 터지자 재상 유성룡을 포함한 동인들은 "진작 이이 말을 들을걸!"이라며 땅을 치고 후회했다는, 뭔가 몹시도 교훈적인(?) 이야기이다.

그런데 이이의 문집이나 『실록』에는 십만양병설이 직접적으로 언급된 적이 없으며 그가 죽은 다음에야 서인들이 대대적으로 선전하기 시작했다. 만일 그들 말대로 병사를 10만 명 뒀더라면 과연 조선은 무사했을까? 답은 안타깝지만 '아니오'이다. 임진왜란 초기, 용인 전투라는 싸움이 있었다. 용인에서 조선과 왜가 맞부딪힌 싸움인데 당시 조선군의 군세는 대략 8만에서 10만이었다. 반면 왜는? 와키자카 야스하루가 이끄는 1,600명 남짓의 군사였다. 어느 쪽이 이겼을까? 왜군이었다. 조선은 지휘자가 겁을 먹고 갈팡질팡한 데다가 그 아래 무장들도 제멋대로 움직이는 '싸움놀이' 수준으로 전쟁에 임했다. 숫자는 훨씬 많았지만 순식간에 엉망진창이되어 처참하게 패했고 선조는 완전히 절망해 도성을 버리고 달아났다. 군사가 10만이든 20만이든 지휘 체계가 엉망이면 아무 소용없음을 보여주는 사례이다. 이처럼 십만양병설에는 여러 주장이 얽혀 있지만, 적어도 유성룡이 이이의 이름을 거론하며 그를 칭찬했을 것 같지는 않다. 유성룡은 그의 저서 『징비록』 및 문집에서 웬만해서는 이이의 이름도 적으려 들지 않았으니 말이다.

13

선조의 이쁜 구석

흠-_-
요즘 궁궐 Wifi 상태가
메롱이다.

[14대 임금 선조]

도통 웹서핑을 할 수가 없어!

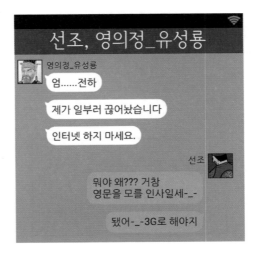

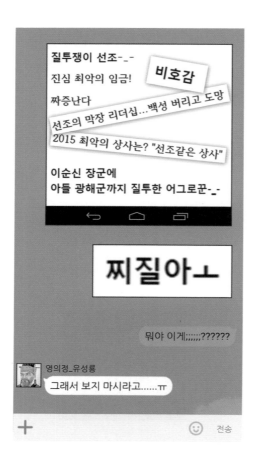

질투쟁이 선조-_-
진심 최악의 임금!
비호감
짜증난다
선조의 막장 리더십... 백성 버리고 도망
2015 최악의 상사는? "선조같은 상사"

이순신 장군에
아들 광해군까지 질투한 어그로꾼-_-

찌질아ㅗ

뭐야 이게;;;;;;??????

영의정_유성룡
그래서 보지 마시라고......ㅜㅜ

＋　　　　　　　　　　😊　전송

고얀 것들…….

나도 나름
매력쟁이란 말이다!

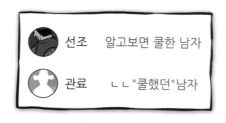

선조　　알고보면 쿨한 남자

관료　　ㄴㄴ "쿨했던" 남자

안다.
너희가 왜 과인을 싫어하는지는
아~주 잘 아는데-_-

하지만 왜란 일어난 게
선조 25년 일이거든???

25년 동안 나 나름 괜찮았다고!

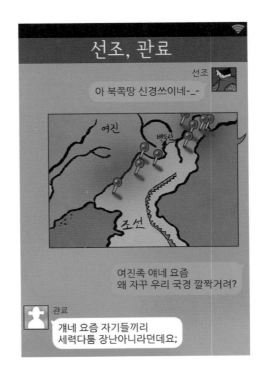

누리하치? 누르하치?
여튼 그 친구가 짱먹어서

다른 부족 애들도 질세라
땅 찾아 식량 찾아 온 사방에
시비걸고 다닌대요;

오랑캐들 집안싸움이야ㅉㅉ?

가만 냅둘 수 없지-_-
당장 특별 과거시험 열라고 해

 관료
과거시험요?

ㅇㅇ무관중에 피지컬 좋은 애들
뽑아서 북쪽에 파견하라고.

그리고 신무기도 개발해ㅇㅇ

적장 목 따오면 인생역전 시켜준다!

관료
악 전하…….
여진족 오랑캐들이 떼로
쳐들어왔습니다;……!!!!!

숫자 약 2만;………!!!!!

아니아니 3만;……!!!!!!!
새까맣게 몰려왓ㅅ습니다;……!!!!!

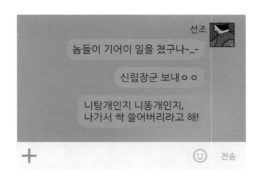

어떻게 됐냐고? 이겼지-_-

그 뒤에도 북쪽만큼은 사수했어.
그뿐인 줄 알아?

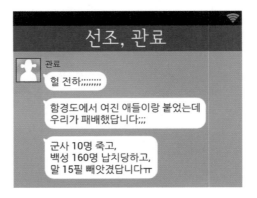

선조

아-_-그 얘기라면 이미 들었다

관료
그 꼬라지 만든 지휘관 두 명
감옥에 잡아놨다는데

군법으로 다스리셔야죠?

뭐, 죽이라고?

에이 뭐하러 그러냐ㅇㅅㅇ

관료
예???

곤장이나 몇 대 치고
백의종군시켜ㅇㅇ

듣자하니 지원군도 없이 버티다
다리에 화살까지 맞았다더구만?

이걸 패배라고 퉁치면 안 되지ㅇㅇ

관료
전하ㅠㅠ

요양이나 잘 하라 그래

공 세우면 다시 복직시킨다ㅇㅇ

진짜 소오름인 게 뭔지 보여줘?

선조
근데 거참 인물일세

저 둘, 다친 몸으로 오랑캐들한테
복수하러 갔다며ㅋㅋㅋ?

이름들이 뭐라나?

관료
어...... 왼쪽에 선 사내가
경흥부사 "이경록"이고요

오른쪽이......어디보자

조산만호 '이순신'이요ㅇㅇ!

셋이요 역모

어때? 이만하면
할 일은 한 거 아냐?
솔직히 중간은 가지 않느냐고.

동인
에잇! 주거랏-.-
부패한 외척놈들!

서인
억;;;;;;;;;;;억;;;;;;;;;;;

동인들아

거기 서인 패는 소리 좀
안 나게 해라-_-

찢어지게 가난한 백성들 살림과
당파 싸움만 빼면,
그럭저럭 상황 괜찮았지.

그런데, 누가 알았겠어?

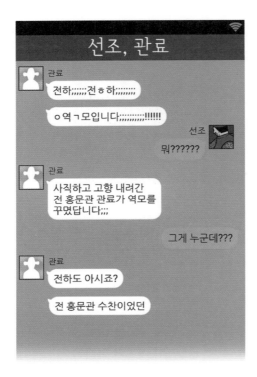

선조, 관료

관료
전하;;;;;;전ㅎ하;;;;;;;

ㅇ역ㄱ모입니다;;;;;;;;;!!!!!!

선조
뭐??????

관료
사직하고 고향 내려간
전 홍문관 관료가 역모를
꾸몄답니다;;;

그게 누군데???

관료
전하도 아시죠?

전 홍문관 수찬이었던

정여립이라고……!!!!!!

한다. 그리하였다고

끝.

- 여진족, 툭하면 크고 작은 도발하다.
- 선조, 세종 때 김종서 장군이 4군 6진 개척했으나 지금은 관리가 부족하여 자주 침해를 당한다며 북방 방어에 힘을 기울일 것을 당부하다.
- 1583년 율곡 이이, 북방을 수비해야 하는데 재정이 부족하다며 관료 수 감축하자고 청하다. 선조, 따르다.
- 1583년, 여진족 니탕개가 1만 이상의 군사와 그 외 부족 연합군 이끌고 조선 북쪽 경원부 침략하다. 선조, 신립 장군 보내 토벌케 하다.
- 신립, 화살 한 대로 적장을 잡고 맨몸으로 포위망 뚫어 육탄전 벌이다.
- 선조, 무과 시험 실시해 우수한 무관들 뽑아 북방으로 보내다. 신무기 승자총통 만든 이에게 큰 상 내리다. 오랑캐 두목 우을기내의 목을 바친 이에게 큰 상 내리다.
- 이순신 장군은 수륙양용(?)이었다.
- 1587년, 여진족이 녹둔도를 포위하자 이경록과 이순신 맞서 싸우다. 그러나 지원병이 부족해 피해 입다. 다시 반격, 조선 포로들 되찾았으나 패배한 죄로 투옥되다. 선조, "이것은 여느 패배와 다르다"며 곤장과 백의종군을 명하다. 얼마 후, 이경록과 이순신 모두 다시 복직시키다.
- 동인과 서인을 저울질하며 제어하던 선조에게 동인, "(서인과 한패인) 간사한 이이를 왜 감싸시냐"며 선조 공격하다. 그러자 선조, "내가 동인, 서인 그 누구의 편이라도 든 적 있더냐"며 화내다. "당파 싸움 때문에 멀쩡한 사람을 욕되게 하는 소리가 매미 지절거리는 듯하다"며 불편한 기색 보이다.
- 1589년, 정여립의 난 일어나다.

- 데이터 차단 기술은 없었다.

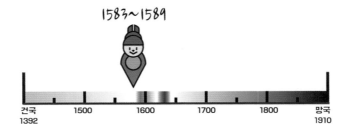

1583~1589

건국 1392 1500 1600 1700 1800 망국 1910

- 열세 번째 이야기 -
조선을 둘러싼 국제 정세

임진왜란은 조선, 명나라, 왜(일본)가 뒤얽힌 국제 전쟁이었고 그러다 보니 나라마다 부르는 이름도 다르다. 한국은 임진-정유왜란, 중국은 만력동정, 일본은 분로쿠-게이초의 역이라 부른다.

왜란 당시 명나라를 다스리던 황제는 만력제였다. 만력제는 어린 나이에 황제가 되어 처음에는 그나마 똑똑하게 나랏일을 관리했지만 그를 보좌했던 재상 장거정이 죽은 뒤에 망가지기 시작해 나중에는 본격적으로 명나라를 망하게 한 사람이다.

만력제가 나라를 망친 방법은 폭정을 휘두르거나 각종 공사를 벌여 백성들을 괴롭히는 것이 아니라, 아무것도 안 하는 것이었다. 30년 동안 조회를 하지 않아 신하들이 황제의 얼굴을 잊어버릴 정도였으며, 개혁은 고사하고 일반적인 행정 업무조차 진행되지 않았다. 그렇게 게으름 피우면서도 돈은 엄청나게 밝혔으니 그는 오직 개인 재산을 불리는 일에만 집중했다.

여기에 더해 편애도 심해 적장자인 큰아들을 내버려 두고 자신이 편애하는 셋째 아들을 황제로 만들겠다고 고집을 부렸는데, 그렇다고 자신의 뜻을 강력하게 밀어붙인 것도 아니었다. 이러니 근 10년 넘게 명나라 조정은 중요한 일은 뒷전으로 하고 소모적인 잡일에만 매달리게 되었다.

그나마 기적적인 일은 그가 조선에서 벌어진 전쟁에 군사를 보냈다는 것. 물론 명나라 군대가 조선에게 끼친 피해도 만만치 않긴 했지만 그조차 아예 없었다면 조선은 정말 멸망했을지도 모른다. 명나라는 이 일로 막대한 군대와 군량을 보급

하느라 많은 국력을 소모했고, 같은 시기 요동 지방에서 일어난 누루하치를 비롯한 후금 세력을 견제하지 못해 결국 망하고 말았다.

한편 일본은 전국시대라는 혼란기가 막 끝나고 있던 즈음이었다. 천황이 힘을 잃고 국가 체제가 부실해져 있는 동안 각 지역의 영주, 다이묘라 불리는 사람들이 각자 군사력을 바탕으로 네가 잘났다 내가 잘났다 싸우던 시기였다.

이것을 정리한 사람이 한 시골의 영주였던 오다 노부나가이다. 그는 '오와리의 바보'란 말을 들을 정도로 특이한 사람이었지만, 그것이 파격을 불러 복잡했던 전국을 차례차례 힘으로 꺾어가며 통일을 앞둔다. 그러나 측근 아케치 미쓰히데가 반란을 일으키는 바람에 혼노지에서 살해당한다.

그 이후 정권을 잡은 것은 오다 노부나가의 부하 장수였던 도요토미 히데요시. 본디 가난한 농민 출신이었다가 실력 하나만으로 출세해서 관백이라는 지위에 올랐으니 사실상 천황을 능가하는 일본 최고의 권력자였다. 그러나 여전히 지역 곳곳에는 무력을 갖춘 다이묘들이 눈을 시퍼렇게 뜨고 있었다. 불안하지 않을 리 없었다. 그래서 그는 외국 정벌을 기획했으니 그것이 임진왜란이었다. 여기엔 현실적인 문제 외에 도요토미 자신의 과시욕도 크게 작용했던 것도 같다. 원래 그의 목적은 조선이 아니라 명나라 진출이었기 때문이다. 크게 부풀린 흰옷을 입어 몸을 최대한 크게 보이려 한 그의 초상화를 보면 자기 과시가 심한 성향이었던 것으로 여겨진다.

임진왜란 초기 일본은 조선을 파죽지세로 짓밟으며 대륙 진출의 꿈을 이루나 싶었지만, 명나라가 개입하고 조선이 차츰 반격 태세를 갖추었고, 또 남해 바다에 대일본 치트키와 같은 어떤 장군이 버티고 있었기 때문에 전쟁은 끝도 없이 길어졌다. 결국 일본은 도요토미가 죽자마자 대륙 진출도, 물 건너 영토도 얻지 못하고 철병하게 된다. 그뿐 아니라 임진왜란에 참여하지 않고 힘을 비축했던 도쿠가와 이에야스가 도요토미의 아들인 히데요리를 꺾고 막부를 건설하며 도요토미의 세도도 몰락한다. 임진왜란은 이처럼 조선, 명나라, 왜 모두에게 상처만을 남긴 전쟁인 동시에 정치·경제·문화적인 변혁을 가져온 사건이었다.

14

리그 오브 기축옥사

선조		잘걸렸다.
동인_정여립		잠깐만;;
서인_정철		고통뿐일 것이다

하나요
정여립의 난

정여립, 그가 누구인가?
시건방져서 쫓겨난
동인의 비호감남 아닌가!

1546~1589
조선의 문신

[14대 임금 선조]

나한테 찍히고는
삐져서 퇴직하더니, 감히
고향에서 역모를 꾀해?

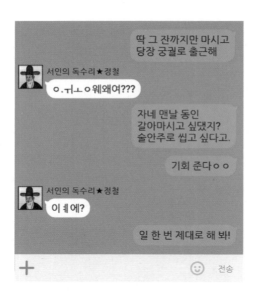

송강 정철,
그가 누구인가?

한번 물면 놓지 않는
서인의 미친ㄱ……
아니……

돌격대장이 아닌가!

동인 네놈들,

긴장한 동인들

강호애 병이깊어
모조리 듄여주마!

서인 챔피언 : 정철

죽었어!

~피의 육조거리에 오신 것을 환영합니다~

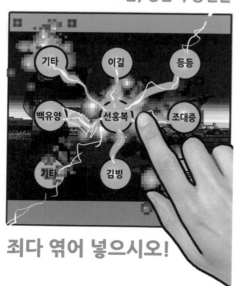

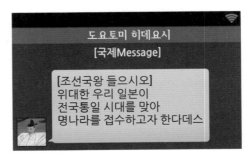

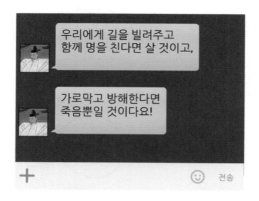

뭔 헛소리야ㅎ

- 정여립, 율곡 이이의 제자. 그러나 "말로는 당파 싸움 싫어하신다면서, 서인들을 더욱 가까이 하신다" 비판하다.
- 정여립, 서인이었으나 이이 사후 동인 되다. 서인들, 여립 공격하다. 율곡을 아낀 선조, "의리가 없다"며 비난하다.
- 임금에게 찍힌 정여립, 낙향하다. 고향 전주 죽도에서 사람들 모아 신분, 남녀 차별 없이 공부하고 활 쏘는 공동체 '대동계' 만들다. 전라도, 경상도 등지에서 이름 떨치다. 1587년에는 계원들 이끌고 전주 습격한 왜구떼 격파하다.
- 그러나 2년 뒤, 정여립이 모반 꾸민다는 고발 있다. 여립, 관군에 포위당해 자살(?)하다.
- 서인의 독수리 정철, 동인계 인사들 줄줄이 잡아 국문하다. 고문으로 여러 사람 조사 중에 죽다.
- 선조, 동인 대표인사 이발의 열 살 아들과 82세 노모에게도 가혹한 고문을 가하다. 청소년과 노인은 체벌하는 게 아니라는 상소에도 아랑곳 않다.
- 동인 초토화되다. "옥사가 너무 커지는 걸 막자"며 선조, 진화에 나섰으나 수백에 가까운 선비들 피해 입다.
- 도요토미 히데요시, 전국을 통일하고는 "정명가도(길 빌려주고 함께 명나라 정복하자)" 주장하다. 조선 조정, 허튼소리라 치부하되 왜 공격 대비한 준비 서두르다. 왜에 통신사 파견해 상황을 보고 오도록 하다.

- 게임 〈리그 오브 기축옥사〉는 발매된 적이 없다.

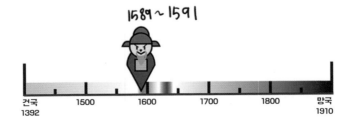

1589~1591

건국 1392 · 1500 · 1600 · 1700 · 1800 · 망국 1910

왜란 직전의 삽질, 기축옥사

기축옥사는 임진왜란 이전에 있었던 여러 삽질 중에 가장 큰 사건이라 할 만하다. 기축옥사는 다른 말로 '정여립의 난'이라고 한다. 이 정여립이라는 사람은 원래는 율곡 이이와 친하게 지냈던 사람으로 나름 서인 취급을 받았다. 그런데 이후 동인으로 당적을 바꾼다.

이것을 두고 선조는 정여립을 출세하려고 이리저리 들이대는 간신배로 여겨 싫어했다는데, 이후 정여립의 말이나 행동을 보면 꼭 그런 것 같지는 않다. 차라리 마음에 안 들면 어디서든 누구하고든 티격태격하는 싸움닭이라고나 할까? 그는 서얼이나 노비와도 친하게 지냈으며 천하는 모두의 것이지 꼭 임금에게 충성할 필요는 없다는 파격적인 주장을 했다. 시대를 몹시 앞서간 유별난 사람이었던 것이다.

아무튼 임금인 선조에게 미움을 받아 출세길에서 멀어진 정여립은 서울에서의 생활을 털고 시골로 내려간다. 전주와 진안의 죽도라는 섬을 오고가며, 친하게 지내는 사람들과 동아리를 만들어 사냥도 하고 왜구도 잡고(!) 살았는데, 하루아침에 역모를 일으켰다더니 들키자 덜커덕 자살해버린다.

참 이상한 일이다. 그가 세웠다는 얼음이 얼면 도성을 공격하겠다는 반역 계획도 굉장히 뜬금없거니와 정여립이 덜컥 자살을 한 것도 수상하다. 이 때문에 서인들이 정여립을 죽여 놓고 누명을 씌운 게 아니냐는 말도 돌았지만 진범이 죽어 진상을 알 수 없었다. 이 막연한 역모에 얽혀 자그마치 1천 명이나 되는 선비들이 휘말려 죽었다. 이것이 바로 기축옥사이다.

왜 이리 일이 커졌느냐? 문학적 감각은 차고 넘치되 정치적 감각은 없었던 정철이 칼자루를 잡았던 것이 문제였다. 지금까지도 정철은 「사미인곡」을 비롯한 작

품들로 수험생들 사이에서 악명 높지만 이때의 악명은 지금보다 훨씬 드높았다. 진범인 정여립이 죽은 마당에 역모의 실체를 밝힐 방법은 여기저기 찌르는 것뿐. 정여립과 한 번이라도 편지를 교환했으면 붙잡아 가혹하게 심문하고 심지어 죽게 만들었다. 이런 막무가내식 수사의 희생자는 대부분 동인이었고 다치거나 죽은 사람들은 모두 누군가의 가족이거나 친구, 동창이었다. 죽거나 다친 당사자들은 물론 주변 사람들의 마음에는 치유할 수 없는 깊고 깊은 한이 남게 되었다.

그래서 기축옥사를 계기로 당파 싸움의 색깔이 달라지게 되었다. 그 전까지는 반대파를 의견이 다른 사람들, 싫은 사람들 정도로 생각했다면 이후에는 '모조리 잡아 죽여도 시원찮은 것들'이 되어버렸으니 말이다. 더 어이없는 것은 이렇게 수많은 사람들이 희생당했음에도 결국 역모의 진상은 오리무중이었다는 것이다.

가장 큰 잘못은 자제할 줄 모르고 칼춤을 벌인 정철에게 있었다. 동인들은 그에게 욕을 퍼부었다. 이후 정철은 여전히 눈치 없이 광해군을 세자로 삼자고 했다가 선조의 노여움을 사서 귀양을 가게 된다. 정철이 귀양을 떠나며 동인들이 다시 정권을 잡았으나 그 안에서 또 남인과 북인, 두 파로 갈라지게 된다. 피의 복수를 해야 한다는 북인(대표 이산해)과 그래도 그렇게는 하지 말자고 주장하는 남인(대표 유성룡)의 의견이 충돌했기 때문이다. 그리고 이 남인과 북인, 서인들은 제각각 또 나뉘게 되니 당파 싸움은 끝없이 계속되었다.

기축옥사는 사건을 조목조목 살펴보면 허점과 엉터리인 부분이 많고 여러 사람이 죽어 나갈 정도로 커질 일도 아니었다. 그럼 왜 아무도 이런 미친 짓을 막지 못했느냐? 최종 보스인 선조가 일이 그렇게 되기를 바랐기 때문이다. 정철이 자제를 못하고 날뛸 때 내버려뒀고, 정철의 이용 가치가 떨어진 다음에는 냉큼 귀양을 보내 기축옥사의 책임을 뒤집어 씌웠다. 선조는 왜 기축옥사를 이렇게 큰 사건으로 만들었을까? 신하들끼리 박 터지게 싸우다 보면 싸우느라 힘을 다 빼 신하들은 약해지고 왕권은 강해지기 마련. 세자도 아니었으며 방계 출신으로 왕이 된 선조로서는 왕권을 강화할 절호의 기회였다. 그러나 선조의 이런 전략은 왜란이라는 국난을 앞두고 나라 안 인재들의 씨를 말리고 갈등을 깊게 만들었으니, 빈대 잡자고 초가삼간을 불태운 행위에 불과했다.

선조	괜찮겠지?	
동인,서인	괜찮겠지?	
부산백성	평화롭당^^	

하나요 설마설마

[14대 임금 선조]

스팸이, 도무지 그칠 줄을 모른다.

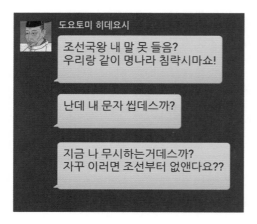

도요토미 히데요시

조선국왕 내 말 못 들음?
우리랑 같이 명나라 침략시마쇼!

난데 내 문자 씹데스까?

지금 나 무시하는거데스까?
자꾸 이러면 조선부터 없앤다요??

혹시 진짠가?
도요토미 얘 진심이야?;

안 되겠다. 사신을 보내서
확인해 봐야지!

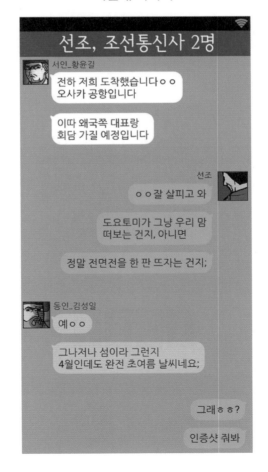

나는 초조하게
그들의 연락을 기다렸다.
그러나 도통 답장이 없었다.

그리고 1년 뒤인 1591년.

그만!

좋지가 않구만 상황이;
외교관이 곧 임금의 분신인데

자네들을 그따위로 대접했다니;

 서인_황윤길

ㅠㅠ죄송합니다

200년간 평화로웠던
우리 조선이 전쟁이라니;

괜찮아! 우리가 손 놓고 있었나?

여진족 오랑캐들이랑 붙으면서
장수들도 경험 많이 쌓았고

선왕때 왜변 일어난 이후로
나름 준비 많이 했잖아?

※명종10년(1555)에 일어난 을묘왜변

 동인_김성일

그럼요

그때 습격당했던 전라도쪽 해안
지금은 방어태세 짱짱하죠ㅇㅇ

ㅇㅇ걱정할 거 없어

을묘왜변때 쳐들어온 숫자가
배 70척에 왜구 6,000이었잖나?

그 두 배인 1만까지는
끄떡없다 이거야^^!

셋이요

1592년 4월 13일(음력)

부산백성B

ㅇㅋㅇㅋ

바깥 날씨 어때?
척석(擲石)할 수 있겠음?

※돌을 던져 상대팀 선수 맞추는 놀이.
데드볼 시절의 야구와 비슷함.

짱맑아ㅋㅋㅋ

딱 경기하기 좋은 날이야
돌 던졌다 하면 홈런이겠닼ㅋ

 부산백성B

ㅇㅋㅇㅋ근데

바다에 저 까만 거 뭐냐?

어? 헐

배 같은데? 와 짱많아

일본애들 조공 왔나?

 부산백성B

조공을 저렇게 떼로 온다고;?
쫌 이상한데;;;

야 너 거기서 나와라

잠깐만 쫌만 더 찍고ㅇㅇ
관아에 신고해야지ㅋ

밀수업자들일지도 모르잔아

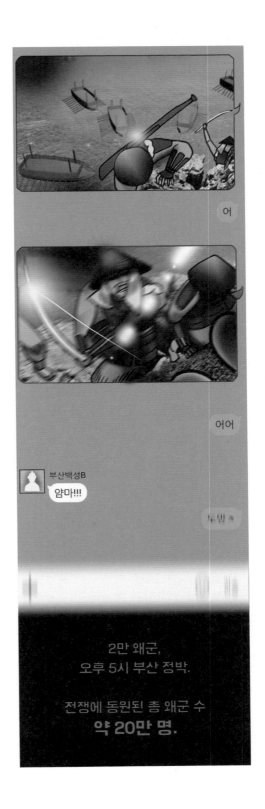

0 4 1 3

4월 14일,
임진왜란 첫 전투까지

D-1

수많은 나라로 분열되어
100년간 싸우던
일본을 통일한

'도요토미 히데요시'

끝.

실록에 기록된 것

정사 正史

- 도요토미 히데요시, 일본 전토 (거의) 통일하다.
- 조선, 통신사 파견하다.
- 도요토미, 출정 등을 이유로 5개월간 자리를 비우다.
- 통신사들과 만난 자리에서 도요토미의 어린 자식이 도요토미의 옷에 오줌을 싸다. 그러한 언동을 보며 통신사들, "매우 불손했다" 평하다.
- 선조, 왜적을 대비해 성벽을 쌓고 군사들을 남쪽에 보내놓다. 그러나 조선 조정에서 예상한 적들의 수는 많아야 1만 정도로, 전면전을 염두에 둔 것은 아니었다.
- 1592년 4월 13일 오후 5시, 약 2만 왜군 부산에 상륙하다. 을묘왜변의 사례가 있어 방비가 강화되었던 전라도 일대와 달리 한적한 변방이었던 부산을 노린 것.

기록에 없는 것

픽션

- 척석꾼팀 노대 자이안추는 없었다.

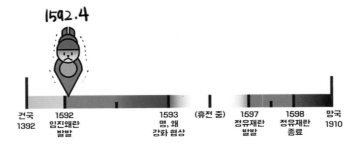

1592.4

| 건국 1392 | 1592 임진왜란 발발 | 1593 명, 왜 강화 협상 | (휴전 중) | 1597 정유재란 발발 | 1598 정유재란 종료 | 망국 1910 |

- 열다섯 번째 이야기 -
구국의 낙하산

임진왜란은 조선이 신속하게 패배한 것으로 유명하다. 수도인 서울이 근 2주 만에 함락되었다는 것만으로도 인류 역사상 예를 찾기 힘들 정도의 파죽지세였다. 워낙 빨리 패배했다 보니 임진왜란은 동인과 서인끼리 집안싸움만 벌이며 아무 생각 없이 살다가 기습을 당해 벌어졌다는 편견이 있다. 하지만 꼭 그렇지는 않았다.

왜가 쳐들어온다는 소문은 이미 조선에 파다하게 퍼져 있었다. 그래서 조선은 나름대로 전쟁 준비를 했다. 곳곳의 성들을 수리하고 장수들을 요충지에 배치했다. 그 선두에 있었던 사람이 밀리터리 덕후 재상 유성룡이었다. 당시 조선의 군사제도는 제승방략이라 하여 병사들을 지방에 분산시켜 놓았다가 큰일이 생기면 중앙에서 파견한 장군이 그들을 이끄는 방식이었다. 이 방법은 훌륭한 지휘관이 없으면 병사들이 오합지졸이 된다는 단점이 있었다. 그래서 유성룡은 군사제도를 진관법으로 바꾸려 했는데, 이는 군사들을 군사 요충지에 집결시켜 두는 방법이었다. 하지만 경상감사 김수가 "바꾸기 번거롭다"며 반대한 탓에 무산되었다. 덧붙이자면 김수는 임진왜란이 벌어지자 바로 달아났다.

그 외에도 유성룡은 당시 명장으로 이름났던 이일을 경상도 우병사에 배치하려고 했으나 병조판서 홍여순이 "명장이라면 서울에 둬야 한다"고 반대해 실행하지 못했다. 유성룡은 잘 싸우는 장수일수록 미리 내려 보내 준비해 두어야지, 갑자기 내려 보내면 어떻게 군사를 잘 쓰겠냐고 반박했지만 끝내 무산되었다. 유성룡은 신립을 만나 대일본 대책을 물어보기도 했다.

"곧 왜군이 쳐들어오게 되면 공이 해결해야 할 텐데 적들의 기세를 어떻게 생각하나?"

신립은 콧김 한 번 흥 뿜어내며 두려워할 필요 없다며 건성으로 답했다. 유성룡은 왜군이 조총이라는 신무기를 가지고 있으니 가볍게 보면 안 된다고 말했다. 하지만 신립은 여전히 쿨시크하기만 했다.

"조총을 가지고 있더라도 어떻게 하나하나 다 맞추겠습니까?"

신립은 태연자약했다. 그깟 총이 활만큼 정밀하겠냐는 것이었다. 지금 우리가 듣자면 펄쩍 뛸 만큼 어이없는 말이었지만 당시에는 아주 틀린 말은 아니었다. 당시 조총은 성능이 굉장히 나빴기 때문에 쏘는 데 시간이 오래 걸리고 명중률도 낮았다. 명중률이나 위력으로 본다면 활이 더 나았다. 그러나 신립이 간과한 것은 조총을 든 사수가 무리를 이루어 한꺼번에 쏘는 전법을 사용한다면 이야기가 달라진다는 것, 그리고 총기는 이후로도 눈부시게 발전할 것이라는 사실이었다.

이렇듯 조선의 전쟁 대비는 뜻있는 사람들의 실망과 좌절을 양분으로 간신히 진행되고 있었다. 임진왜란이 벌어지기 1년 전인 1591년(선조 24), 선조는 별 생각 없이 조선의 명운을 가름 짓는 데 아주 큰 역할을 하는 결정을 하나 내린다. 우의정 유성룡에게 이조판서의 자리를 겸하게 한 것이다. 이조판서는 조선시대 내내 가장 핫한 관직이었는데 각종 관리들의 인사 발령을 담당하는 자리였기 때문이다. 그래서 당파 싸움의 시초도 바로 이 이조판서 자리를 놓고 벌어졌었다.

이조판서가 된 유성룡은 자신의 권한을 마구 휘둘러 당시 별 볼일 없이 지내던 동네 친구 동생의 자리를 만들어주었다. 특별한 전공도 없었고 직장 상사와 싸우고 이리저리 전전하다가 겨우 정읍현감을 하고 있던 이름 없는 무장이었다. 그런 그를 전라좌수영이라는 높은 자리에 턱 하니 꽂아준 것이었다. 남들이 본다면 낙하산이라고 지탄을 받아 마땅한 일이었으나 이 동생의 장점이자 단점은 바로 원리원칙을 지킨다는 것이었다. 조선시대 수군의 근무지는 원래 바다 위였다. 그러나 이것이 참 고된 일이다 보니 세월이 지나면서 다들 배에서 내려 육지에서 깔짝거리는 게 기본이 되었다. 그러나 이 동생은 내내 육지에서만 근무했으면서 첫 바다 근무에서 바로 "원칙대로 고고!"를 외쳤으니 전라좌수영의 사람들이 얼마나 스트레스를 받았을지는 능히 짐작이 간다. 다툼도 적지 않았던 것 같다. 그러나 이 낙하산의 뒤에는 자그마치 우의정이라는 장대한 빽이 있었고, 어쩔 수 없이 전라좌수영은 본인들의 뜻과는 별로 상관없이 조선 최고의 수군으로 거듭나게 되었다. 그 동네 친구 동생의 이름은 이순신이었다.

16
7년 전쟁의 시작

"ㅎ이럴 줄 알았나,
조선인들?"

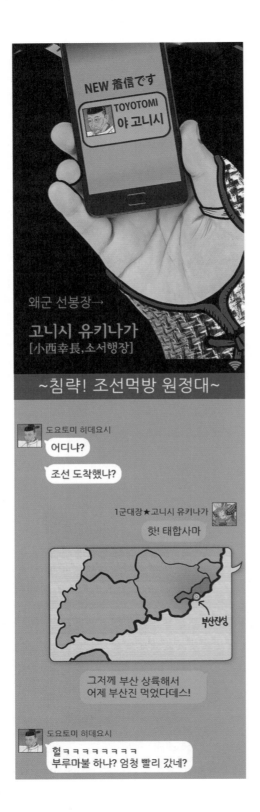

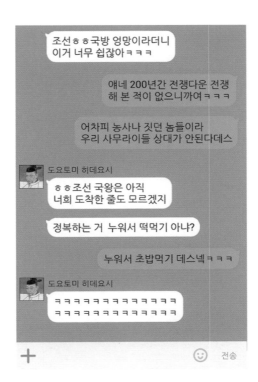

조선ㅎㅎ국방 엉망이라더니
이거 너무 쉽잖아ㅋㅋㅋ

얘네 200년간 전쟁다운 전쟁
해 본 적이 없으니꺼여ㅋㅋㅋ

어차피 농사나 짓던 놈들이라
우리 사무라이들 상대가 안된다데스

도요토미 히데요시
ㅎㅎ조선 국왕은 아직
너희 도착한 줄도 모르겠지

정복하는 거 누워서 떡먹기 아냐?

누워서 초밥먹기 데스넼ㅋㅋㅋ

도요토미 히데요시
ㅋㅋㅋㅋㅋㅋㅋㅋㅋㅋㅋㅋㅋ
ㅋㅋㅋㅋㅋㅋㅋㅋㅋㅋㅋㅋ

+   ☺ 전송

둘이요 **초스피드**

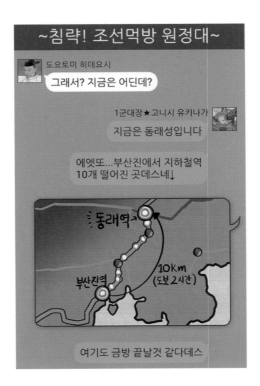

~침략! 조선먹방 원정대~

도요토미 히데요시
그래서? 지금은 어딘데?

1군대장★고니시 유키나가
지금은 동래성입니다

에엣또...부산진에서 지하철역
10개 떨어진 곳데스네↓

동래역
부산진역
10Km
(도보 2시간)

여기도 금방 끝날것 같다데스

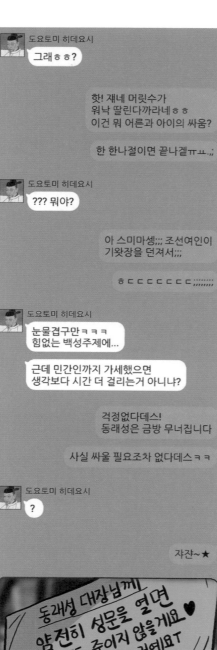

세이요
살려는 드릴게

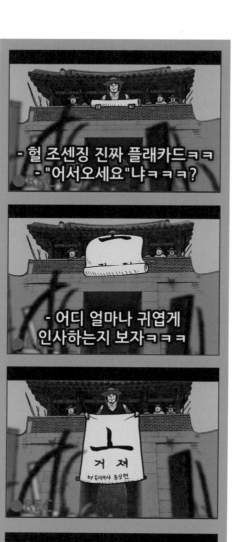

실록에 기록된 것

- 왜군의 첫 공격을 받은 부산진, 외진 곳이라 군사의 숫자가 매우 적었으나 끝까지 저항하다.
- 두 번째로 공격받은 동래성, 왜군의 1/10 남짓한 군사로 버티다.
- 왜군 1군 대장 고니시 유키나가, "길만 빌려주면 모두 살려주겠다" 회유하는 글을 보내다.
- 동래부사 송상현, "죽기는 쉬우나 길을 빌려주기는 어렵다"고 답하다.
- 동래성 백성들 끝까지 버티나 하루 만에 함락되다.
- 송상현, 부친에게 "부자의 정보다는 군신의 정이 두텁습니다"라는 유서 남기다.

픽션

기록에 없는 것

- 송상현은 왜에 법규를 날리지 않았다.

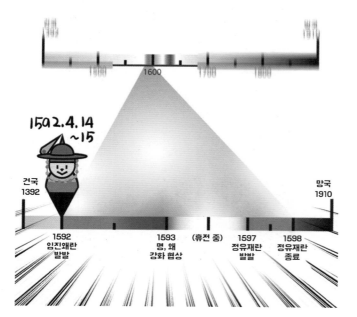

- 열여섯 번째 이야기 -
동래성의 비극

임진왜란이 터지자 관료들은 달아나기 바빴다. 겁에 질린 백성들을 버리고 자기 애첩과 재산만 챙겨 안전한 곳으로 달아난 관리들이 허다했으며, 조정이 부랴부랴 왜적과 싸울 군사들을 모으려 하자 양반들은 저마다 신분증명서를 펄럭이며 자신을 군대에서 빼달라고 우르르 몰려왔다.

지난 수백 년 동안의 평화 덕분에(자잘한 왜구나 여진족 등의 문제는 있었지만) 다들 전쟁을 겪어보지 못해 어떻게 대처할 줄을 몰랐다는 것이 굳이 찾자면 변명이 될 수도 있겠다. 하지만 속수무책으로 왜군의 진군 앞에서 무너져 가는 와중에도 하나뿐인 목숨을 버려가며 용감하게 맞서 싸운 사람들도 있었다. 첫 번째는 부산진성의 정발, 두 번째는 "죽기는 쉬워도 길을 비켜주긴 어렵다"라는 말을 남긴 동래성의 송상현이다. 특히 송상현은 무武와는 전혀 관계없는 문신이었지만 기개와 용기만큼은 무관 이상이었다. 정작 무관인 경상좌도 병마절도사 이각은 같이 남아 싸우자는 송상현의 부탁을 말도 안 되는 변명을 대며 거절하고 도망쳤으니 말이다. 송상현은 동래성 부사로 남아 왜군과 싸웠으나 결국 성은 함락되고 송상현도 살해당했다. 이처럼 임진왜란 초기는 전체적으로 한심한 와중 몇몇 소수의 숭고한 희생 덕분에 그나마 체면치레를 하는 수준이었다.

동래성의 이야기는 이것으로 끝이 아니다. 그로부터 수백 년 뒤인 1731년(영조 7), 동래부사 정언섭은 동래성을 쌓기 위해 근처의 땅을 파다가 유골 열두 개와 포탄들을 발견했다. 두말할 것도 없이 임진왜란 때의 유골이었을 것이다. 동래부사는 이들 유골들을 잘 장사 지내고 제사까지 치렀다. 또다시 수백 년의 세월이 흘러 2005년, 부산에서 지하철 공사가 대대적으로 시작되어 4호선 수안역 공사를 위해 굴삭기가 열심히 땅을 파고 있을 때 경남문화재연구원의 정의도 학예실장이

그 앞을 막아섰다. 사전 조사에서는 별다른 유물의 흔적이 발견되지 않아 공사가 진행되던 중이었다. 우연히 그 옆을 지나가던 그는 공사를 막고 조사를 시작했고, 그곳에서 동래읍성의 해자를 발굴했다.

해자 안에서 온갖 갑옷과 투구, 무기들이 우르르 발굴되었다. 그러나 무엇보다도 사람들을 놀라게 한 것은 80여 구에 달하는 유골들이었다. 묘지가 아니었으니 일부러 그곳에 사람을 묻은 것이 아니었다. 유골들은 동래성 전투에서 희생당한 사람들의 것이었으며 상처투성이로 총에 맞거나 칼에 베인 참혹한 상태였다. 대부분이 젊은 남성, 즉 병사들의 유골이었지만 젊은 여성, 총에 맞은 다섯 살짜리 아이의 유골, 머리가 으스러진 중년 여성의 유골까지 발견되었다.

이들은 성을 점령한 왜군이 백성들을 학살한 뒤 해자에 시체를 내버린 흔적으로 추정된다. 성이 함락되는 순간 조복을 입고 북쪽을 향해 절하며 시를 지었다던 송상현의 비장한 죽음 뒤에 "시체가 산처럼 쌓였다"고 묘사된 동래성 사람들의 죽음을 생각하지 않을 수 없는 유물이었다.

만약 관리들이 제 역할을 충실히 다했다면, 그래서 나라가 강건해 외적과 잘 맞서 싸울 수 있었다면, 사람들이 그렇게 비참하게 죽어 시체마저 물속에 던져지지는 않았을지도 모른다. 동래읍성의 유적들은 이제 수안역의 일부가 되어 지금도 지하철역 벽을 통해 그 모습을 살펴볼 수 있다. 과연 우리는 역사에서 무엇을 배울 수 있을까? 조선왕조실록

17

태풍 앞의 촛불

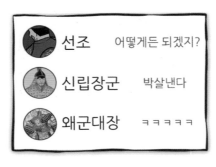

🔵	선조	어떻게든 되겠지?
🔵	신립장군	박살낸다
🔵	왜군대장	ㅋㅋㅋㅋㅋ

하나요 긴급상황

1592년 4월,
한양 경복궁.

선조, 신료

> 신료
> 전하 전하
> 큰일났습니다

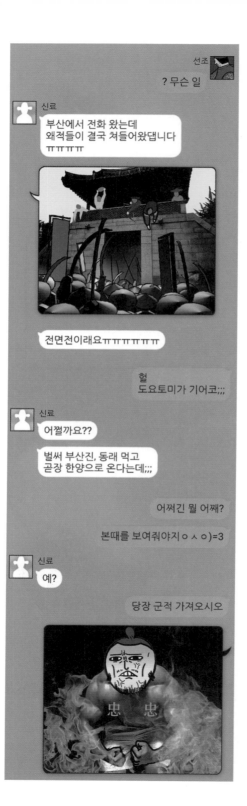

선조
? 무슨 일

신료
부산에서 전화 왔는데
왜적들이 결국 쳐들어왔댑니다
ㅠㅠㅠㅠ

전면전이래요ㅠㅠㅠㅠㅠㅠ

헐
도요토미가 기어코;;;

신료
어쩔까요??

벌써 부산진, 동래 먹고
곧장 한양으로 온다는데;;;

어쩌긴 뭘 어째?

본때를 보여줘야지 ㅇㅅㅇ)=3

신료
예?

당장 군적 가져오시오

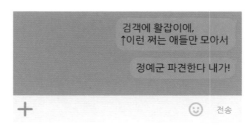

둘이요
뭐야이게

이거 뭐임;;;;;??
애들 특기가 다 왜 이래;;;?

소금채취는 대체 뭐야;;;?

신료

ㅠㅠㅠ그게요
함경도에선 세금을 소금으로 내서
군인들이 염전에서 일한댑니다

전복채취는??

신료

바다가 가까워서 부업으로;;

원스타, 투스타들이 시켰대요ㅠ
자기 상관 환갑선물이라나;;;

뭐야

벼슬아치들이 애들을
셔틀로 써먹은 거야???

훈련은 제대로 하지도 못했겠구만??

신료

ㅠㅠ......

허허;;;
율곡 이이 그 친구가 국방력
약하다 약하다 하더니

이걸로 지금까지 버틴 게 용하다;

신료

ㅠㅠ어쩌실래요?

어쩌긴; 이거라도 긁어모아야지

징집에 시간 걸릴테니
베테랑 장수들 미리
경상도에 좀 보내놓고

신립장군 입궐하라 그래 빨리

빨리!

+   ☺   전송

그리고 며칠 뒤,

미리 보낸 장수들이 전멸해
경상도가 완전히 넘어갔다는
소식이 전해졌다.

오늘은 신립 장군이
8천의 군사들을 이끌고
한양을 떠나는 날.

선조, 신립 장군

선조
장군;;정말 미안하게 됐소

이런 오합지졸 군대라니······
그마저도 숫자도 너무 적어서ㅠㅠ

신립 장군
걱정 마십시오ㅎㅎ
명필이 붓을 가리더이까?

전하께 승리를
바치겠사옵니다ㅇㅅㅇ

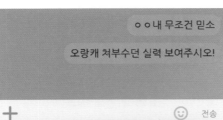

ㅇㅇ내 무조건 믿소

오랑캐 쳐부수던 실력 보여주시오!

＋ ☺ 전송

그래, 역시 믿을 건
신립뿐이다.

신립은 해낼 것이다.
다른 이는 몰라도 신립만은!

그러나……

"패배"
"신립 전사, 전군 궤멸"
"마지막 방어선 붕괴"

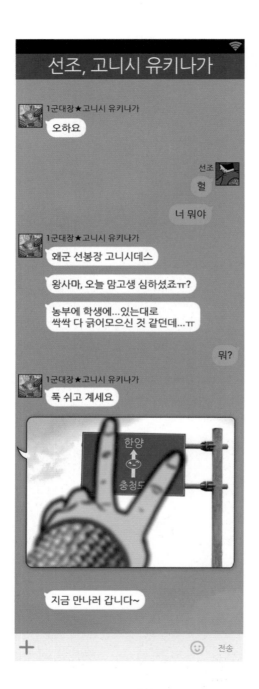

선조, 고니시 유키나가

1군대장★고니시 유키나가
오하요

선조
헐

너 뭐야

1군대장★고니시 유키나가
왜군 선봉장 고니시데스

왕사마, 오늘 맘고생 심하셨죠ㅠ?

농부에 학생에...있는대로
싹싹 다 긁어모으신 것 같던데...ㅠ

뭐?

1군대장★고니시 유키나가
푹 쉬고 계세요

한양
↑
충청도

지금 만나러 갑니다~

끝.

정사 正史

실록에 기록된 것

- 임진왜란 전, 군영 폐단 끊임없이 지적받다. 군사들이 훈련을 못 받고 염전에 붙들려 있다, 상사의 개인적인 재물 쌓기에 동원되고 있다, 무기창이 텅 비어 개인의 활을 빌려다 불시점검을 통과하고 있다 등.
- 선조, 군사들을 징발하다. 그 사이 장수 이일과 60명의 군사를 먼저 경상도 상주로 보내, 현지에서 군사를 징발해 싸우도록 하다.
- 상주 전투에서 1천여 군사 전멸하다.
- 장수 신립과 8천 군사들, 탄금대에서 궤멸되다. 전술 착오와 사기 저하, 왜군의 강한 조총 화력이 패인으로 보고되다.
- 왜군, 한양으로 곧장 진격하다.

픽션

기록에 없는 것

- 고니시는 경부선에서 인증샷을 찍지 않았다.

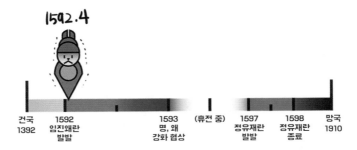

1592.4

| 건국 1392 | 1592 임진왜란 발발 | 1593 명, 왜 강화 협상 | (휴전 중) | 1597 정유재란 발발 | 1598 정유재란 종료 | 망국 1910 |

조선군의 이유 있는 연전연패

임진왜란 초기, 조선의 전황은 말 그대로 죽을 쑤고 있었다. 철저하지는 못했더라도 나름 전쟁 준비를 했던 조선이건만 이렇게까지 두드려 맞은 이유는 무엇일까? 아무래도 초반의 실책 탓이 크다. 전쟁이든 시합이든 기세라는 것이 있는 법이다. 임진왜란 초기, 조선은 죽, 그것도 트리플 죽을 쑤고 만다.

첫 번째 죽 – 일본군 상륙

1592년(선조 25) 4월 13일 부산포. 일본(왜)군의 선봉이 부산에 도달했을 때 부산을 지키는 부산진 첨사 정발은 사냥 중이었다. 부랴부랴 대처를 했지만 이미 때는 늦어 일본군에게 부산진성은 함락되고 정발 역시 전사한다. 갑작스러운 기습과 패배 소식은 여러 사람들에게 큰 충격을 주었다. 경상우수영의 원균은 날래게 도망쳤고 경상좌수영의 박홍은 배를 몽땅 가라앉힌 뒤 창고에 불을 지르고 달아났다.

적에게 전력을 빼앗길 수 없으니 어쩔 수 없는 선택이라고 할 수도 있겠지만, 경상도 수군은 '나름' 조선 최강을 자랑하는 전력이었다. 그것이 단박에 한 줌 재가 되어버린 것이다. 만약 이때 부산에 유능한 장수가 있어 일본군의 상륙을 효과적으로 제지했더라면 초반 러시를 막을 수 있지 않았을까 하는 가정은 꽤 많이 언급된다. 예를 들어 전라도 왼쪽 어딘가의 수영에 있던 이순신 같은 장수 말이다.

두 번째 죽 – 탄금대 전투

부산진 전투에서부터 대략 2주 뒤인 4월 28일, 충주의 탄금대에서 도순변사 신립이 지휘하는 조선군과 고니시 유키나가가 이끄는 일본군이 맞닥뜨려 조선군은 압도적으로 한심하게 패배한다. 신립은 '나름' 당대의 명장으로 이름이 난 사람이었고, 외국의 침략이라는 다급한 상황에서 조선은 '나름' 있던 정예병을 탈탈 털어 일본을 막게 한 판이었다.

신립은 험난한 지형을 이용해 숨어 활을 쏘자는 김여물의 의견을 무시하고 널찍한 평야에서 기마전으로 맞섰으며, 병사들이 사력을 다해 싸우게 하기 위해 등 뒤에 강을 둔 배수진까지 치고 학익진(학이 날개를 편 것 같은 형태의 진)을 펼쳐 싸웠다. 물론 일반적으로 땅 위를 걷는 보병보다 말을 탄 기병이 더 강하다. 그러나 문제는 1.충주평야는 그냥 들판이 아니라 논밭이었다는 것, 2.일본은 조총이라는 신무기를 가졌다는 것이었다. 신립은 정찰병을 적절히 활용하지 못해 정확한 전황 수집에도 실패했다. 나를 알고 적을 알아도 전쟁에서 이길까 말까인데 둘 다 모르는 상황에서 어떻게 이기겠는가? 전투가 벌어지자 진흙탕에 빠진 조선의 기병들은 훌륭한 사격용 표적이 되고 말았고, 당황한 신립은 허둥지둥 대처하다가 결국 탄금대의 물에 몸을 던져 자살했다고 한다.

이 전투에서 많은 장수들과 병사들이 강에 빠져 죽는 바람에 조선 정예군의 많은 수가 사라지고 말았다.

세 번째 죽 – 용인 전투

6월 5일, 한성의 코앞인 용인에서 조선군과 일본군이 격돌한다. 이 전투는 탄금대 전투보다 훨씬 한심했다. 전라도 순찰사 이광을 중심으로 남은 전력들이 모이자 적게는 5만, 많게는 10만의 크나큰 군대가 되었다. 이 정도라면 몰려드는 일본군과 한 판 붙어볼 만은 했을 것 같다.

그러나 장수들 각각의 의견이 갈렸고, 이광은 이것을 효과적으로 정리할 수 있는 인물이 아니었다. 장수들이 대장의 명령도 제대로 안 듣고 내키는 대로 군사를 몰고 나갔으니 박살이 나는 것도 당연했다. 얼마나 크게 깨졌는지 군사들이 내버린 무기와 갑옷들이 너무 많아 주변 백성들 중에는 그것들을 팔아 한몫을 잡은 사람들도 있었으며 달아난 병사들 3만 명이 굶어 죽었다 한다. 이 일을 계기로 선조는 마침내 한성을 버리고 피난을 떠난다.

그래도 이 전투가 아주 처참한 패배로만 얼룩진 것은 아니었다. 이런 아수라장 와중에도 온전하게 전력을 보존해 도망친 사람이 있었다. 그의 이름은 권율. 그는 광주로 퇴각해 반격을 준비하고 있었다.

선조	살고보자	
백성들	이 배신자ㅠㅠ	

1592년 4월,
임진왜란 발발 1주일째.

경복궁

~왜란 긴급회의방~

선조님께서
온갖 문무백관들을 모두
초대하셨습니다.

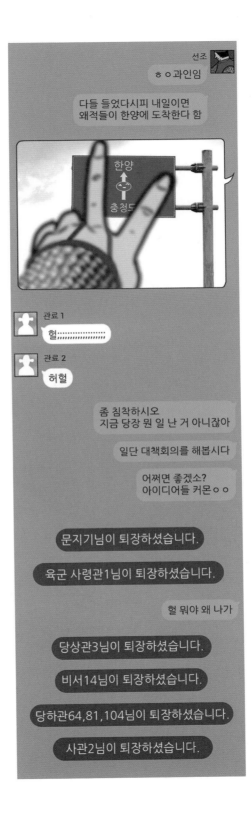

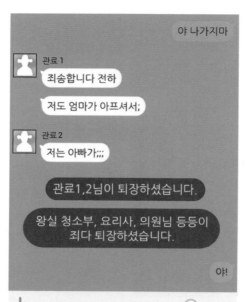

야 나가지마

관료1
죄송합니다 전하

저도 엄마가 아프셔서;

관료2
저는 아빠가;;;

관료1,2님이 퇴장하셨습니다.

왕실 청소부, 요리사, 의원님 등등이 죄다 퇴장하셨습니다.

야!

＋ :) 전송

둘이요 안 되겠쓰다

(텅텅)

조용......

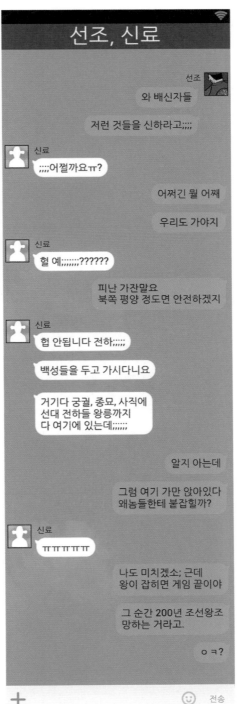

선조, 신료

선조
와 배신자들

저런 것들을 신하라고;;;;

신료
;;;;어쩔까요ㅠ?

어쩌긴 뭘 어째

우리도 가야지

신료
헐 예;;;;;;??????

피난 가잔말요
북쪽 평양 정도면 안전하겠지

신료
헐 안됩니다 전하;;;;;

백성들을 두고 가시다니요

거기다 궁궐, 종묘, 사직에
선대 전하들 왕릉까지
다 여기에 있는데;;;;;;

알지 아는데

그럼 여기 가만 앉아있다
왜놈들한테 붙잡힐까?

신료
ㅠㅠㅠㅠㅠㅠ

나도 미치겠소; 근데
왕이 잡히면 게임 끝이야

그 순간 200년 조선왕조
망하는 거라고.

ㅇㅋ?

전송

▌[경제] 왕, 짚신·금괴 대량구매…왜?

선조 "그냥 쇼핑일 뿐"

"혹시 도망치려고?"
백성들의 불안감에,
왕이 직접 대답했다.

"짚신은 전쟁 나가는
군사들 줄 것…금은
그냥 무역용^^"

네티즌 덧글(1392개)

└백성1 님 : 흠..피난갈때 돈 대신
　　　　　금붙이 챙기지 않나? 수상하다....

└백성2 님 : ㄴ아니라자나여-_-
　　　　　님같은 음모론자들이 제일 시름ㄴ

▌[속보]간밤에 주상전하 실종돼

"궁궐이 텅 비었다"

[1보]

궁궐 쥐죽은 듯,
주상전하 모습 없어
……
대소신료들도 실종
왜적들 한양접근

네티즌 덧글(1592개)

└백성1 님 : 헐;;;;;
└백성2 님 : 허얼;;;;;;;;;
└노비1 님 : 머야 어디 가신거???,,,,.

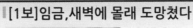

[1보]임금,새벽에 몰래 도망쳤다

한양 네티즌 직찍 동영상

〈네티즌제보〉

왕과 로얄패밀리,
그리고 고위관직자

새벽을 틈타 도주한
것으로 밝혀졌다

네티즌 덧글(15920개)

└백성1 님 : 뭐라고????
└백성2 님 : 뭐?????잠깐만;;;;;;;;
└노비1 님 : 헐?????

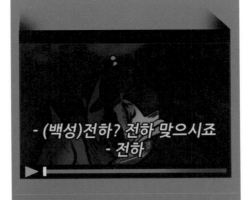

- (백성)전하? 전하 맞으시죠
- 전하

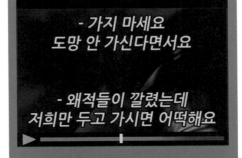

- 가지 마세요
도망 안 가신다면서요

- 왜적들이 깔렸는데
저희만 두고 가시면 어떡해요

- 전하

- (선조)미안합니다

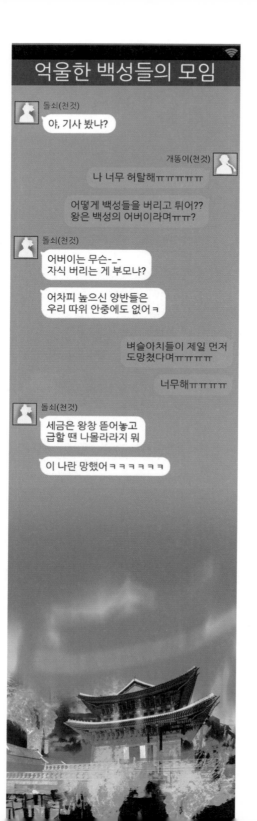

1592년 5월 2일,
선봉장 고니시 유키나가
한양 들어오다.

텅 빈 궁궐, 며칠 후
'누군가의 손에'
새까맣게 불타버리다.

역대 왕들의 초상화,
『승정원일기』, 『고려사』 등
한 줌 재가 되다.

조선의 수도 한양, 점령당하다.

끝.

정사 正史

- 왜군이 한양에 닥치자 선조, 파천(피난) 주장하다. 신하들, 깜짝 놀라 반대하다. 선조 불편해하다.
- 선조, 다시금 파천 주장하다. 그러자 신하들 마지못해 동의하다. 왕자 광해군을 세자로 날림 선정하고, 떠날 채비를 하다.
- 궁인들이 짚신과 백금을 사들인다는 소문에, 유생들이 "피난 가시려는 거 아니냐?"고 추궁하자 선조, "짚신은 전쟁터 나가는 군사들 줄 것이고 금은 전쟁이 나기 전에 미리 무역을 해두는 것"이라 답하다.
- 유성룡, 이덕형, 이항복, 허준 등 일부 관료를 제외한 많은 신료들이 도망치다. 주로 댄 이유는 "부모님이 아파서"와 "제사".
- 4월 30일 새벽, 선조 일행 궁을 떠나다. 백성들 쫓아와 가지 마시라고 매달리다.
- 궁을 떠나기 직전, 광해군을 급히 세자로 정하다.

참고

- 분노한 백성들이 왜적이 오기도 전에 궁에 불을 질렀다는 기록은 『선조실록』에는 없고, 『선조수정실록』에만 있다. 그러나 왜군의 종군 일기에서 "궐문이 열려 있을 뿐 멀쩡하다"는 기록이 발견되기도 해, 방화범이 누구인지는 명확하지 않다.

1592. 4 ~ 1598

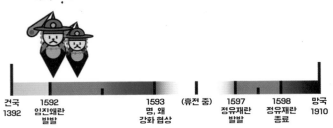

건국   1592   1593   (휴전 중) 1597   1598   망국
1392   임진왜란   명, 왜   정유재란   정유재란   1910
        발발   강화 협상   발발   종료

- 열여덟 번째 이야기 -
선무공신과 호성공신

임진왜란이 벌어지자 선조는 도성인 한성을 버리고 피난을 떠나 평양을 거쳐 마침내 국경 지역인 의주에까지 다다랐다. 이 때문에 백성을 버린 임금이라고 두고 두고 까이는 선조이지만, 전쟁이 벌어지고 도성이 위태로우면 임금이 피난을 가는 일은 드문 일도 아니었으며 상식적인 대처이기도 했다. 왕이 적군에게 사로잡히면 전황이 크게 불리해지는 것이 사실이니 말이다. 고려의 고종과 공민왕도 몽골과 홍건적이 쳐들어왔을 때 피난을 간 경력이 있고 후세의 인조도 그러했다.

그렇게 본다면 선조가 한성을 버리고 달아난 일도 그렇게까지 욕을 먹을 일은 아니라 할 수도 있겠다. 그런데 왜 선조는 유독 다른 임금들에 비해 '백성을 버린 임금'이라는 타이틀을 크게 달게 된 것일까? 그 이유는 선조 개인에게서 찾아봐야 할 것 같다.

용인 전투에서 패배한 이후 왜군은 거의 한성 코앞까지 들이닥친다. 당연히 민심은 요동쳤다. 선조는 마지막까지 한성을 사수하겠다고 백성들에게 거짓말을 하고, 손바닥에 글씨를 써 비밀 지령까지 내려가며 야반도주했다. 이즈음 조선은 말그대로 초전박살, 선조의 멘탈은 붕괴된 상황이었다. 자기의 소원은 중국으로 도망치는 것이라고 노래를 부르다가 보다 못한 신하들에게 면박을 당할 정도였다. 꼴이 이렇다 보니 신하들은 왕을 버리고 달아났고, 왕이 밥이 없어 쫄쫄 굶는 등 피난 행렬은 초라하기 짝이 없었다.

백성들은 이런 선조에게 돌을 던지거나 궁궐 건물을 불태우며 화를 냈지만 그와 동시에 의병을 일으켜 싸우는 등 나라가 해주지 않은 일을 스스로 해내며 왜군과 싸웠다.

선조는 도망치는 데서 그치지 않고 전쟁이 끝난 뒤 사람들의 뒤통수를 때린다. 임진왜란이 끝나자 선조는 두 종류의 공신을 정했다. 하나는 선무공신宣武功臣, 다른 하나는 호성공신扈聖功臣이었다. 선무공신은 글자 그대로 외적을 상대로 싸운 사람들이다. 선무공신 1등에 오른 사람은 셋인데 한 사람은 권율, 또 한 사람은 이순신, 마지막은 원균이다. 권율은 행주대첩으로 한성을 되찾는 데 크게 기여한 사람이다. 이순신이야 어느 누구도 이견을 달지 않을 것이다. 그러나 정유재란 시작과 더불어 조선 수군을 완전히 바다 속에 집어넣어버린 원균은 공신 대접을 해줄 이유가 없다. 그럼에도 원균이 1등 공신이 된 것은 선조의 적극적인 원균 옹호가 힘을 발휘한 덕분이었다. 이뿐만이 아니다. 다른 공신들의 임명에도 선조 개인의 입김이 몹시 많이 들어갔고, 그 결과는 어처구니없을 만큼 편파적이었다. 조선 관군이 죽을 쑤고 있었을 때 목숨을 걸고 외적과 싸웠던 의병장들과 승병장들이 선무공신에 임명되지 못한 것이 대표적 예이다.

이 정도는 호성공신에 비하면 아무것도 아니다. '호성扈聖'의 '호'는 무언가를 따른다는 뜻이다. 즉 호성공신은 피난 가는 선조를 따라간 사람들을 위한 자리였다. 나라의 위기를 앞두고 싸우기는커녕 왕도 백성도 버리고 자기 목숨만 챙겨 달아난 사람들이 가득했던 와중, 임금 곁을 끝까지 지켰던 사람들은 분명 용기 있는 사람들이었을 것이다. 다만 사람을 뽑는 데는 공정함이 필수이다. 선조는 자신을 따라와준 사람은 품계가 낮건 말건, 심지어 신분이 낮은 내시까지도 잊지 않고 살뜰하게 챙겨주었지만 세자 광해군을 따라 전국을 누빈 신하들을 찬밥 신세로 만들었다. 나라를 위해 애쓴 것보다도 임금을 따라다닌 게 더 중요하다는 말과 다름없었다.

어떤 위치에서든 더 많은 사람들을 위해 애쓰고 남들보다 노력한 사람은 칭찬받아 마땅할 것이다. 하지만 선조는 명색이 한 나라의 왕이건만 나라와 백성보다는 자기 자신을 더 중요히 여겼던 것 같다. 백성과 한 약속을 저버린 것도 모자라 전쟁이 끝난 뒤까지 자기를 보살핀 사람만 챙기려 들었으니, 선조가 두고두고 욕을 먹는 진짜 이유는 바로 여기에 있다.

| 고니시 유키나가 | 한양접수★ |
| 도요토미 히데요시 | 조선멸망 10초 전ㅋ |

1592년 5월 2일,

왜군 선봉장 고니시 유키나가는
한양을 습격했다.

그러나.

하나요 어디 갔어

1군대장★고니시 유키나가

태합사마 저 지금 한양인데요

조선왕 도망쳤는데요

헐

 도요토미 히데요시

헐......

아니 나는 상상도 못했음

어떻게 대장이 자기
성을 버리고 도망치지?;;;;;

그러게요;;;

한양만 먹으면 끝인 줄 알았는데

어쩔까요;?

 도요토미 히데요시

어쩌긴

너도 쫓아가-_-

헐 예;;;?? 평양까지요;;;?

+ 전송

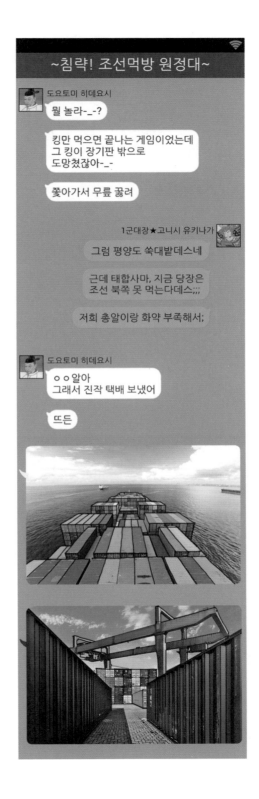

~침략! 조선먹방 원정대~

도요토미 히데요시

뭘 놀라-_-?

킹만 먹으면 끝나는 게임이었는데
그 킹이 장기판 밖으로
도망쳤잖아-_-

쫓아가서 무릎 꿇려

1군대장★고니시 유키나가

그럼 평양도 쑥대밭데스네

근데 태합사마, 지금 당장은
조선 북쪽 못 먹는다데스;;;

저희 총알이랑 화약 부족해서;

도요토미 히데요시

ㅇㅇ알아
그래서 진작 택배 보냈어

뜨든

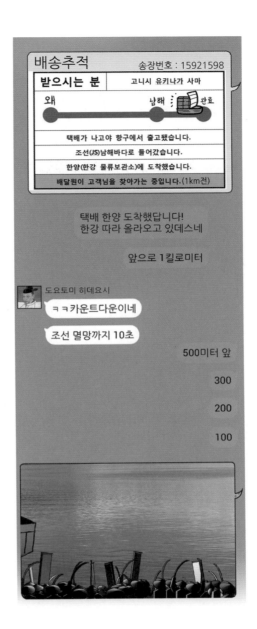

배송추적   송장번호 : 15921598

| 받으시는 분 | 고니시 유키나가 사마 |

왜   남해   완료

택배가 나고야 항구에서 출고됐습니다.

조선(JS)남해바다로 들어갔습니다.

한양(한강 물류보관소)에 도착했습니다.

배달원이 고객님을 찾아가는 중입니다. (1km전)

택배 한양 도착했답니다!
한강 따라 올라오고 있데스네

앞으로 1킬로미터

도요토미 히데요시

ㅋㅋ카운트다운이네

조선 멸망까지 10초

500미터 앞

300

200

100

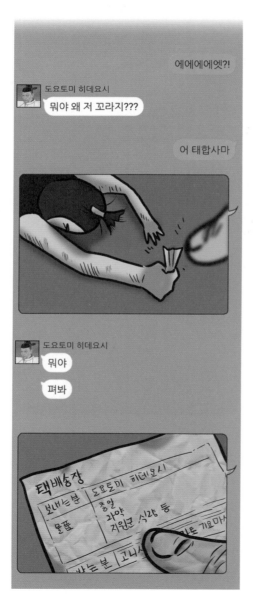

옥포/합포/적진포 해전

조선 수군이 남해에서 연달아 승리,
왜 수군 진출로+보급로를
끊어버린 것.

왜군들, 한양 너머에서 오래 버티지 못하고
물자 부족으로 발목 잡히다.

#이순신 #원균

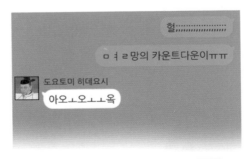

끝.

정사 正史

실록에 기록된 것

- 1592년 5월 3일 전후로 왜군 속속 한양에 도착하다.
- 도요토미의 계획은 선조를 죽이는 것이 아니라, 산 채로 잡아 항복을 받아내 조선을 식민지로 삼고 선조를 자신의 부하로 두는 것이었다. 그러나 선조가 피난을 가버리는 바람에 계획 어그러지다. 전쟁 장기화되다.
- 도요토미, 수군으로 조선의 바다 점령하려 하다. 바닷길 이용해 원군 및 전쟁 물자 수송하려 하다.
- 그러나 이순신, 원균 등 조선 수군, 남해로 접근하는 왜 수군 습격하다.
- 조선 수군, 옥포, 합포, 적진포 등에서 승리해 왜군 선봉 부대 물자 보급에 곤란함을 겪다. 평양에서 멈춰서 주춤대다.
- 조선 조정, 각도에서 군사 징발하고 명나라에 원군 요청하다. 각지에서 의병 활동 활발히 일어나다. 반격의 기회 노리다.

기록에 없는 것

픽션

- 컨테이너선은 없었다.

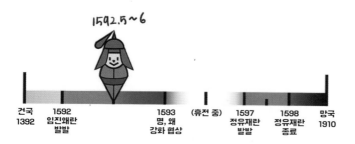

1592.5~6

건국 1392 | 1592 임진왜란 발발 | 1593 명, 왜 강화 협상 | (휴전 중) | 1597 정유재란 발발 | 1598 정유재란 종료 | 망국 1910

- 열아홉 번째 이야기 -
반격의 전라도

임진왜란 초기의 죽 쑨 전황을 생각하면 참 놀랍다. 어떻게 임진왜란을 겪고도 조선은 나라를 무사히 보전할 수 있었을까? 비록 무수한 인명 피해와 문화재 손상이 발생하기는 했지만 나라를 유지했다는 것만으로도 놀라울 정도로 임진왜란의 상처는 컸다.

명나라의 원조 덕분일까? 글쎄, 도움이 아주 안 된 것은 아니었지만 그보다는 또 하나의 숨겨진 반격의 발판 덕분이라고 해야 할 것이다. 그 반격의 발판은 바로 전라도였다. 부산을 공격한 이래 일본(왜)군은 동래와 충주를 거쳐 한 달도 안 걸려 한성을 함락시키고 평양까지 점령했다. 2군을 이끄는 가토 기요마사는 함경도까지 도달해 여진족과 한판 싸우기도 했다. 글자 그대로 파죽지세. 거칠 것 없을 듯했지만 생각지도 못한 복병이 일본군을 기다리고 있었다.

이제 한반도 지도를 펼치고 부산에서부터 충주, 서울, 평양, 그리고 함경도까지 줄을 쭉 그어보자. 그러면 줄이 한 번도 닿지 않는 곳이 있다. 바로 전라도다.

왜 일본군은 전라도에 가지 못했을까? 첫 번째, 전라도에는 이순신이 버티고 있었다. 하지만 이것만으로는 부족했다. 아무리 거북선이라고 해도 육지 위를 달리지는 못한다. 두 번째, 육지에서의 처절한 전투로 일본군을 막아냈다. 용인 전투에서 조선 관군이 완전히 박살이 난 뒤 군사들은 뿔뿔이 흩어졌는데, 그나마 부하들을 챙겨 달아난 권율이 육지를 방어했다.

한성을 점령한 일본군은 지략으로 이름난 고바야카와 다카카게의 지휘 아래 전라도를 공격해 들어갔다. 단박에 금산성까지 함락시키고 전라도의 중심지인 전주를 꿀꺽 먹어버릴 듯도 했다. 하지만 홍의장군 곽재우가 일으킨 의병이 의령에서 일본군을 공격해 발목을 잡아챘고, 비록 패전했지만 고경명의 의병은 금산의 일본군을 공격했다.

그리고 1592년(선조 25) 7월 즈음 마침내 이치李峙 전투가 벌어진다. 이치의 뜻을 풀이해보면 '배고개'이다. 근사한 성도 아니고 그저 야트막한 언덕에서 권율과 황진이 이끄는 1천여 명 남짓의 조선군이 그 두 배가 넘는 일본군을 상대로 싸웠던 전투이며, 기적적으로 승리했다. 앞에서 말했듯 당시의 일본군은 기세가 하늘을 찌를 듯했고, 조선군은 원군이고 자시고 당장 내일이 없었는데 그 싸움을 이겨낸 것이다. 어떻게 이겼는지에 대해서는 자세한 기록이 없지만 악다구니처럼 싸워댔을 것만은 분명하다.

결국 일본군은 이치에서의 패배에 더해 조헌과 700명의 의병들이 전멸해가며 입힌 타격으로 인해 금산에서도 버티지 못하고 물러나고 마니, 일본군은 결국 전라도에 들어서질 못했고 이것이 조선이 반격을 준비하는 기틀이 되었다.

왜냐? 예나 지금이나 마찬가지로 전라도는 한반도 최고의 곡창 지대였다. 곡식은 곧 밥이었고 밥은 곧 국력이었다. 전라도는 전쟁과 상관없이 농사를 지을 수 있었으며, 그렇게 거둔 수확물을 배로 실어 날라 조선 정부의 재정을 확보하고 나라를 유지할 수 있게 했다. 그래서 이순신은 『난중일기』에 "호남을 잃으면 나라를 지키기 어렵다"라고 적기까지 했다.

더군다나 이 일은 일본군에게도 예상치 못한 결과를 가져왔다. 예나 지금이나 군대를 운영할 때 가장 중요한 것은 식량 보급이다. 배가 고프면 싸우기는커녕 일단 사람이 살 수 없다. 한반도는 절대로 평탄하다고 할 수 없는 지형이다. 그때는 고속도로도 없었다. 그러니 바닷길로 군량을 나르는 게 가장 효율적이었는데 전라도 수군이 막아버리니 보급을 제대로 할 수 없었다.

그리하여 거칠 것 없던 일본군의 진군도 차츰 느려지고 말았다. 일본과 비교할 수 없는 혹독한 추위와 굶주림이 그들의 발목을 붙잡은 탓이다. 이렇게 당장이라도 멸망할락 말락 조선이 필사적으로 버티던 와중, 명나라의 원군이 도착하면서 전쟁의 국면은 변화했다. 조선왕조실록

빨간 옷의 히어로

바닷길이 끊겨(feat.이순신)
오도가도 못하게 된 왜군.

작전을 바꾸는데.

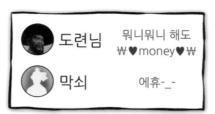

임진왜란(1592)이 터지기
약 10년 전,

경상도 의령군의 어느
대저택.

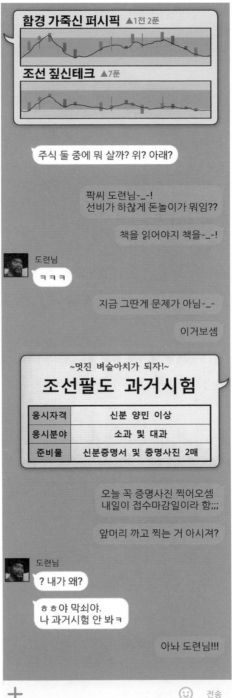

함경 가죽신 퍼시픽 ▲1전 2푼

조선 짚신테크 ▲7푼

주식 둘 중에 뭐 살까? 위? 아래?

팍씨 도련님-_-!
선비가 하찮게 돈놀이가 뭐임??

책을 읽어야지 책을-_-!

도련님
ㅋㅋㅋ

지금 그딴게 문제가 아님-_-

이거보셈

~멋진 벼슬아치가 되자!~
조선팔도 과거시험

응시자격	신분 양민 이상
응시분야	소과 및 대과
준비물	신분증명서 및 증명사진 2매

오늘 꼭 증명사진 찍어오셈
내일이 접수마감일이라 함;;;

앞머리 까고 찍는 거 아시져?

도련님
? 내가 왜?

ㅎㅎ야 막쇠야.
나 과거시험 안 봐ㅋ

아놔 도련님!!!

+   ☺ 전송

240
∨
241

도련님, 막쇠

막쇠

쇤네 진짜 이해가 안 감

머리도 좋은 양반이
대체 왜 과거시험을 안 보심??

대과에 떡 급제해서 어사화
한 번 머리에 꽂아봐야지ㅠㅠ

도련님
ㅋ 그래서? 그 뒤엔
한양에서 찌질하게 공무원 생활?

도련님 칵!

도련님
막쇠야ㅉㅉ

니가 세상 이치를 잘 모르나본데,
부자는 원래 취업 안 해.

그로부터 10년 뒤,
1592년 4월 말.

도련님, 막쇠

막쇠

주인님 큰일났음

왜적놈들이 쳐들어옴!!!
아주 부산이 쑥대밭 됐다함······

도련님
뭐?

관군들은 싸우기도 전에 내뺐고
곧 여기 의령에도 닥칠거래여

어쩌면 좋음ㅠㅠㅠ?

도련님
훔······

ㅎ야 막쇠야

예전에 아버지가 명나라
황제께 받은 빨간 비단 알지?

'곽재우'

엄청난 부잣집 아들로,
임진왜란이 터지자 재산을 털어
의병단을 꾸리다.

신출귀몰한 전법으로 왜적들을 괴롭힌
'천강홍의장군 天降紅依將軍'

(하늘에서 내려온 붉은 옷 장군)

#붉은_수트 #조선의_토니_스타크

▶승병: "평소엔 벌레 한 마리 못 죽이는 나, 오늘만큼은 파괴왕" 사명대사, 서산대사 등.

▶검은 과부:
강인한 조선 여인.
기왓장과
짱돌을 던져
적의 머리를 깬다.

▶선비대장
기축옥사때
시골에 유배당한
선비들.

나라는 나를
버렸으나
나는 나라를
버리지 않았다.

▶명문가 및
부잣집 자제:
재산 털어
의병활동 지원.
곽재우, 고경명 등

의병저스
~임진왜란때 활약한 민간인 영웅들~

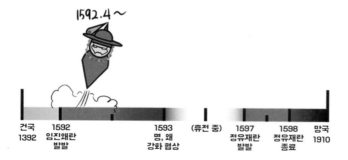

정사 正史

실록에 기록된 것

- 곽재우, 엄청난 명문가 아들. 재산도 어마어마해 요즘의 재벌가 수준.
- 34세에 소과(수능)에서 좋은 성적을 거두었으나, 다른 수험생들의 답지에 문제가 있어 전체 응시자 합격 취소가 되는 바람에 급제하지 못하다.
- 곽재우, 그 즉시 학문을 버리고 (중략) 재물을 늘려 재산이 몇 만 금이나 되었다. 사람들이 그가 비루하고 인색하다 의심하였으나, 곽재우는 태연스레 지내면서 돌아보지 않았다. 왜변이 일어나자 (중략) 재물을 모두 흩어서 악소배(惡少輩) 100여 명을 모아 왜적 토벌을 결의하였다. 여러 차례 왜적을 격파하였다. ─『광해군일기』
- 곽재우, 아버지가 명나라 황제로부터 하사받은 붉은 비단으로 옷을 지어 입고 '홍의장군'으로 활약하다.
- 곽재우, 전 재산을 의병활동에 쓰다. 전쟁 후 왕이 된 광해군, '옷이 단 한 벌뿐인' 곽재우를 위해 옷과 식량을 내리고 그의 공을 기리다.

기록에 없는 것

픽션

- 주식 프로그램은 없었다.

1592.4 ~

건국
1392

1592
임진왜란
발발

1593
명, 왜
강화 협상

(휴전 중)

1597
정유재란
발발

1598
정유재란
종료

망국
1910

조선왕조실톡

밀덕재상 유성룡

임진왜란은 놀라운 전쟁이었다. 어쨌든 1회 초부터 9대 0으로 지고 있던 게임을 뒤집어 나라의 영토를 지켜낸 대역전극이었으니까. 조선이 이 위기를 이겨 낼 수 있었던 데는 당시 재상이었던 유성룡의 역할이 컸다.

유성룡은 임진왜란 7년 동안 영의정이자 도체찰사로 활약했는데, 하늘이 조선을 망하게 하지 않으려고 저 사람을 재상으로 세웠나보다 싶을 만큼 전쟁에 특화된 재상이었다. 그래서 일본(왜)에서 붙인 유성룡의 별명이 전시재상戰時宰相이다. 유성룡은 전쟁 전부터 알아주는 밀리터리 덕후였다. 그의 대표적인 저작인 『징비록懲毖錄』은 개인의 기록임에도 임진왜란의 전투들에 대해 가장 많은 정보를 제공해주고 있다.

'징비'는 '큰일을 당한 뒤 잘못을 뉘우치고 반성한다'는 뜻으로 유성룡은 "염소를 잃었어도 우리는 고쳐야 하고, 말을 잃었어도 마구간은 고쳐야 한다"라고 말한 바 있다. 『징비록』은 왜 조선군이 전쟁에 대비를 못했는지, 어떤 잘못이 있었는지를 분석한 책이며 각 전투의 군사 배치, 무기, 전략을 상세하게 기록한 군사 기록이기도 하다.

유성룡은 『조선왕조실록』에서도 임금님과 다른 신하들과의 회의 시간에 포대나 화약 등의 주제가 나오면 설명을 담당할 만큼 남다른 군사 지식을 자랑한다. 포대의 거리, 중국과 조선의 화약 굽는 법의 차이 등을 차근차근 설명하는 등 보통 사람들은 관심도 없을 지식을 몹시 해박하게 알고 있다. 아마 같은 조정에 있던 사람들은 그의 '덕질'이 지긋지긋했을지도 모른다.

유성룡은 임진왜란이 벌어지기 전부터 조총과 대포에 관심이 많아 명나라 장수들을 구슬려 새로운 대포 만드는 법을 알아내고 직접 만들어서 시험도 해보았으며 잘 안 되자 기존 조선의 대포와 비교해 이리저리 개량하기도 했다.

그러면서 『징비록』에 적기를 "필요할 때 사용하면 용도가 무궁무진하니 병기로 참 좋기 때문"이라며 이 책을 읽는 사람들에게 잘 공부해 두라고 당부하기까지 했다. 시한폭탄이자 박격포인 비격진천뢰에 대해서도 다른 기록은 "그것을 써서 이겼다"라고 간략하게 기술한 것과 달리 어떻게 쓰이고 효용이 어떠했는지까지도 적고 있어 조선 시대 무기 역사 연구에 아주 귀중한 자료가 되어주고 있다.

그는 성곽 및 해자의 건설 방법에도 깊은 관심을 보였다. 처음에는 책으로 이론만 공부하다가 실제 성을 보고 설계 원리를 깨닫자 몹시 기뻐했다고 한다. 훗날 또 한 사람의 밀덕인 정조는 유성룡이 쓴 글을 밤새 읽고 수원에서 화성을 쌓게 된다.

이처럼 『징비록』에는 승패에 관한 결과만 적혀 있는 것이 아니라 당시 조선이 활용했던 각종 병기들, 전법, 성 쌓는 법, 적군과 맞닥뜨렸을 때 어떤 무기, 어떤 전법, 어떤 지형을 이용했는지까지도 기록돼 있어 임진왜란을 다룬 전쟁 기록 중에서 가장 뛰어난, 어쩌면 유일한 기록이라고도 할 수 있겠다. 특히 『조선왕조실록』에서는 영 찬밥 신세인 이순신의 활약 및 전법들, 배와 대포 등의 종류, 심지어 어린 시절 벌였던 깽판까지 자세히 적어 두고 있으니 이순신의 놀라운 전법들을 우리가 알 수 있게 해주었다는 데서 특히 고마운 사람이다.

아쉬운 것은 유성룡의 당파가 남인인 탓에 훗날 서인들은 『징비록』의 내용들이 죄다 자기 잘한 것만 드러내고 남들을 깎아내렸다며 불만스러워하고 이리저리 비판했다는 것이다. 글쎄, 그것이 그렇게 억울했다면 서인들도 스스로 전쟁 기록을 좀 남겼으면 좋지 않았을까? 조선왕조실록

왜란과 바다귀신

선조	든든하다!
해귀	집에 갈래ㅠ

하나요 정유재란

1598년, 7월.
찌는 듯이 더운 여름날.

왜와의 평화 협상이 결렬됐다.
조선은 지금, 두 번째 전쟁 중이다.

하지만 나는 두렵지 않다!
왜냐고?

**'바다귀신'이 우리 편인데,
두려울 게 무어랴!**

바다귀신 '해귀'는,
명나라에서 온 용병이다.
온몸이 밤처럼 까맣다.

처음 봤을 땐 얼마나 놀랐던지!

선조, 해귀

조선 날씨! 안 덥다!

33도! 내 고향! 가을!

선조
그러냐?

거참 신기하군;
온몸이 새까맣게 탔기에
햇볕에 약한 줄 알았지;

그나저나 그리 덥나봐?
귀신 나라는?

나! 아니다! 귀신!

선조
어허 겸손하지 말라니까ㅋ?

이 사격솜씨가 어떻게 인간 것이냐?
말 그대로 귀신같더구만!

아니다!

내 고향! 사냥! 3살부터!

잡는다! 뛰는 얼룩말! 톰슨가젤!

시력 10.0! 10.0!

선조

무슨 말인진 모르겠지만
무시무시하구나ㅋㅋ

너 같은 귀신이 우리 조선을 돕다니
과인은 자랑스럽다!

아니다! 자랑! 슬프다!

사람들! 눈 마주친다! 피한다!

퇴근길! 앉아간다! 맨날!

선조

허허;

용맹한 귀신도
외로움을 타느냐ㅎㅎ

그래도 그 사진은
친구가 찍어준 거 아냐?

아니다!

몰카

[공포][괴담]퇴근길에 해귀 봄

떡대 쩐다ㅎㄷㄷ
무서워서 아무도 못 앉음...퇴근길 2호선인데
ㄴ나그네01 : 왜구애들이 지릴만 하네;;;;

선조, 해귀

선조
미처 몰랐네

난 자랑스러워 하는 줄 알았지;

명나라_제독
해귀만 있으면 천하무적이다해!

왜적이 너희만 보면
꽁지빠지게 도망간다잖어;;;

나! 맞다! 용감한 전사!

하지만 나! 아니다! 귀신!

나! 사람!

선조
그래그래 알았다;
너 사람ㅇㅇ

열내지 마라, 날도 더운데;

[해귀|海鬼]

아프리카 출신 흑인 용병.

식민지 개척 중인 유럽인에게
노예로 잡혀, 중국을 거쳐
머나먼 조선에 도착한 것.

아프리카 대표

조선판 미정상회담

그리하였다고 한다.

끝.

실록에 기록된 것

- 선조, 명나라 장수로부터 파랑국에서 온 사람이라며 '해귀' 소개받다. 조총을 잘 쏘고, 여러 가지 무예를 지녀 선조가 신기해하다.
- '해귀'는 온몸이 검고, 잠수를 잘 하여 물고기를 쉽게 잡는다. 적의 배를 물속에서 공격하기도 한다.
- 선조, "이런 머나먼 나라의 신병을 대인과 황제 덕분에 본다. 이제 흉적을 금방 섬멸할 수 있겠다"며 기뻐하다. 해귀들의 무예 시범을 보고 은 한 냥 내리다.

픽션

기록에 없는 것

- 당시 지하철은 없었다. 해귀들은 조선말을 몰랐다.

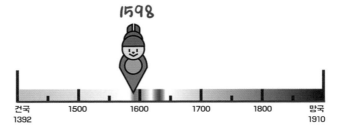

1598

건국	1500	1600	1700	1800	망국
1392					1910

그 많던 항왜들은 어디로 갔을까

임진왜란은 조선, 왜(일본), 명나라가 뒤엉킨 국제 전쟁이었기 때문에 당연히 여러 나라의 사람들이 뒤엉키게 되었다. '일본군'이라 하면 오늘날까지도 전쟁에 눈이 뒤집힌 악귀, 살인마, 악당 등으로 묘사되는 경우가 많지만 천만의 말씀이다. 어차피 그들도 원해서 조선 땅에 건너온 것이 아니었고, 좋아서 전쟁을 벌이는 것은 더더욱 아니었다. 당시 참전했던 일본 승려의 기록 『조선일일기朝鮮日日記』에 따르면 조선의 추위에 익숙하지 않았던 일본인들은 심한 동상과 굶주림에 시달렸는데 그 모습이 마치 지옥 같다고 했다. 그래서 그중 일부는 조선으로 투항하여 조선 편에 섰으니 그들을 항왜라고 불렀다.

조선에 투항한 그들이 받은 대접은 그리 후하지 않았다. 적이었던 이들에게 조선 사람들은 따뜻한 시선을 보내지 않았다. 다른 문화, 다른 풍습을 가진 그들은 배척 대상이었고, 속셈이 있어 투항한 척한 것 아니냐는 의심이 언제나 뒤를 따랐다. 이러다 보니 항왜들은 내륙 깊숙한 곳, 심한 경우 요동 땅까지 쫓겨나기도 했다. 항왜를 죽인 뒤 일본군을 무찔렀다며 자신의 군공으로 꾸미는 끔찍한 일마저 있었다.

이런 항왜들의 편에 서준 사람이 있었다. 병마사 김응서였다. 임진왜란 초기, 육지에서 조선군이 죽을 쑤고 있었을 때 김응서는 몸소 의심을 받는 항왜들을 챙겨주고 그들을 이끌고 일본군 장수인 가토 기요마사의 군대와 싸워 전공을 세우기까지 했다. 어떻게 보면 위험천만한 일이었다. 만약 정말로 항왜들 중에 스파이가 있었다면 김응서 자신도 무사할 리 없었을 테니까. 그는 위험을 무릅쓰고 항왜와 함께 싸워 조선 정부가 항왜를 믿게끔 도왔던 것이다. 심지어 김응서는 조선의 관리를 구한 공을 세운 항왜의 일을 자세하게 조정에 보고하여 상을 주라고 부탁하기까지 했다. "지금 우리나라의 유식한 사람들도 가족을 구하지 않고 있는데 오랑캐가 이처럼 정성스러웠으니 우리는 사람으로서 부끄럽게 여겨야 할 것입니다."

전쟁이 계속되며 조선 정부도 차츰 항왜들을 받아들이고 또 활용하게 된다. 그들은 검술이 뛰어났고 조총을 비롯한 무기를 쓰는 데 훌륭한 솜씨를 가졌기에 많은 도움이 되었다. 그래서 항왜들은 보통 최전선에서 싸웠고, 일본어를 잘했기에 정탐을 하기도 했으며, 그렇게 싸우다가 많이 다치고 또 죽어갔다. 항왜들 중에서는 훗날 김충선이란 조선 이름을 받은 사야가沙也加, 또 여여문呂汝文이 가장 유명하지만 그 외에도 많은 항왜들이 조선으로 투항해서 조선을 위해 싸웠으며 그 수는 대략 1만에 달했다고 한다.

전쟁이 끝난 뒤 항왜들은 다시 박한 대접을 받는다. 조선 정부는 전쟁이 끝나며 쓸모가 없어진 항왜들을 모두 황해도나 북쪽 지방으로 이주해서 살게 했다. 혹시 일본과 내통할 가능성을 걱정했을 것이다. 당시 항왜들은 이미 조선 여성과 결혼하고 정착하여 살고 있었다. 하루아침에 이주를 하게 되어 몹시 가난해진 그들은 애걸한 끝에 정부에서 곡식을 받아먹기도 했다. 이 일을 기록한 사관의 평가는 몹시도 싸늘하다. "저들은 우리나라를 침략했으니 같은 하늘 아래서 살 수 없는 존재이다. 몽땅 죽여도 속이 시원찮은데 왜 백성으로 받아들이고 곡식까지 줘야 하는가?"

공정해야 할 사관들이 이 모양이었으니 보통 사람들은 얼마나 그들을 험하게 대했을까? 새로운 고향을 위해 목숨을 걸고 싸웠건만 구박만 받은 항왜들은 억울했는지 '이발의 난'에 선봉으로 참여하여 관군을 무찌르는 등 어두운 쪽으로 대활약하기도 했다. 그러나 병자호란 때 이미 백발노인이 된 김충선, 즉 사야가는 말을 타고 조선을 위해 다시금 전장에 나서서 싸웠다. 하지만 뭔가를 하기도 전에 인조는 남한산성에서 항복했고, 이 소식을 들은 사야가는 가슴을 치며 피를 토한 뒤 이후 시골에 파묻혀 살다가 죽었다고 한다.

이것이 마지막으로 남은 항왜들의 기록이다. 그들은 여기저기 이주당하며 차츰 조선 사람들 속으로 녹아 들어갔고 그들의 명맥을 쫓을 수도 없게 되었다. 김충선의 후손인 우록 김씨들만이 그 흔적을 남겼다. 항왜. 비록 원해서 조선 땅에 온 것은 아니었지만 조선을 새로운 조국으로 삼았고, 그럼에도 불구하고 천대받다가 마침내 사라져간 이들이었다.

조선
왕조
실록

22
우웃빛깔 광★해★군

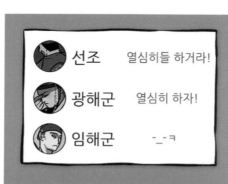

선조   열심히들 하거라!

광해군   열심히 하자!

임해군   -_-ㅋ

하나요 볕든 쥐구멍

1592년 6월, 평안도 임진강.

[14대 왕 선조(피난중)]

"!!!"

조선왕조실톡

[속보]이순신과 조선 수군,
왜군 발목잡아…왜, 공격 주춤
[속보]전국 각지에서 의병 일어나…
치고 빠지는 게릴라 공격, 왜적 몸살
[칼럼]희망, 싹텄나?
News
선조
~선조와 아들들~
선조님께서
왕자들을 초대하셨습니다

선조

야 아들들

뉴스 봤냐 뉴스???

장남 임해군 (21세)
훔ㅋ

초딩 순화군 (13세)
우왕ㅋ

둘째 광해군(세자) (18세)
ㅠ백성들 대단하네요

미안하고......

야 광해 너는 또-_-

그렇게 말하면 아빠가
아무것도 안 한 것 같잖냐-_-

나도 몇달째 면도도 못하고
쌀밥도 거르는 중이거든-_-??

둘째 광해군(세자) (18세)
아......;

-_-쯧

그래서 말인데 우리도 뭐 좀 하자
백성들이 힘쓴다는데 도와야지ㅇㅇ

나라 위해 한 목숨 바치는거야!!!

＋ ☺ 전송

"아들들, 싸움터로 가라!"
"가서 군사들 뽑아!"
"백성들과 함께 왜적에 맞서!"

그렇게 세 녀석을 전쟁터로 내려보냈다.

나? 나는 안전한 데 있어야지.
과인이 곧 종묘사직인데.

물론 걱정된다.
다들 워낙 어려놔서.

하지만……

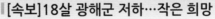

[속보]18살 광해군 저하…작은 희망

"그대들과 운명을 함께할 것"

"백성들이여!
함께 일어섭시다!"

세자 광해군께서
슬픔에 빠진 백성을
다독이셨다.

네티즌 덧글(1989개)

└백성1님 : 헐ㅠㅠㅠㅠㅠㅠㅠㅠ
└백성2님 : 우왕ㅠㅠㅠㅠㅠㅠㅠ

[훈훈]"고생했소"…의병 위로해

부상당한 의병장과 세자저하

"얼마나 고생했소?"
"우리 힘냅시다!"

세자 광해군께서
의병장들에게

벼슬과 물품을
전달하셨다.

네티즌 덧글(2592개)

└백성1님 : 세자저하 너무 좋아ㅠㅠㅠ
└백성2님 : 나 진짜 저하 계신 곳만 봐도
　　　　　 눈물샘 퍽★발ㅠㅠㅠㅠㅠㅠ
└의병1님 : 저하를 위해 싸울게여ㅠㅠㅠㅠㅠ

"광해군 위해 싸우자!"

늘어나는 자원입대…"WE♥광해군"

짜란다 짜란다^^

암! 네가 누구 아들인데^^
아들의 영광은 이 아빠의 영광!

이제 근심 덜었다.
됐다, 됐어ㅎ!

둘째 광해 녀석이
저만큼 해냈으니,

첫째 임해는 얼마나 잘할 거야?

어이쿠ㅋ
호랑이도 제 말 하면 온다더니!

셋이요 부드스했는데

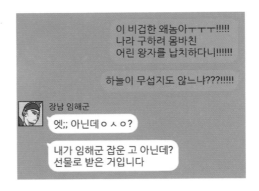

어?

장남 임해군
하잇ㅇㅅㅇ

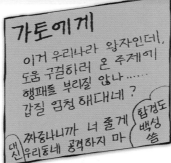

장남 임해군
에엣 백성에게 갑질이라니;
왕자가 아니라 깡패데스네ㅉㅉ

어쨌둔 조선왕자 나의 인질이다요
나의 말 듣지 안으면 임해군
살지 안습니다

ㅇㅋ?

아오ㅠㅠㅠㅠㅠ
이 똥개같은 자식

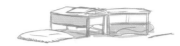

일을 키우는구나 키워;;;;;!!!!

아오오오오ㅠㅠㅠㅠㅠ!!!!!!!

끝.

실록에 기록된 것

- 선조의 후궁 공빈 김씨, 임해군과 광해군 낳다.
- 임해군, 선조의 맏아들. 가장 횡포하였으므로 모두가 근심스럽게 여겼다. ─『선조수정실록』
- 임진왜란 터지자, 선조 세자 뽑다. "광해군이 총명하고 학문 좋아한다"며 그를 세자로 삼다.
- 선조, 4월 29일 임해군과 순화군 각각 함경도, 강원도로 보내다. 순화군, 왜적을 피해 임해군에게 합류하다.
- 광해군, 겨우 신하 몇 명 이끌고 전시 지휘 위해 떠나다(분조). 그 활약이 민심을 얻어, 백성들 광해군 있는 곳 보며 눈물짓다. ─『선조실록』
- 국경인 비롯한 함경도 일부 주민, 임해군이 전횡을 일삼자 왜2군 대장 가토 기요마사에게 넘겨버리다. 대신 함경도의 통치권 및 특권 요구하다.
- 9월, 위의 사실 선조와 광해군에게 알려지다. 그러나 이 모반에도, 대체적인 여론은 "임해군의 자업자득이다", "임해군이 나라를 망하게 할 싹이었다(경상우도 의병장 정경운 저 『고대일록』)."
- 선조, "왕자들이 잡혀버렸고, 왜적 만행이 더욱 심해지고 있다"며 재차 명나라에 원군을 요청하다.

기록에 없는 것

- 임해군이 함경도로 떠난 건 이순신이 첫 승 하기 며칠 전이다.

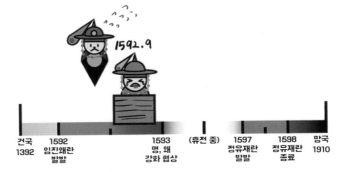

건국 1392	1592 임진왜란 발발			1593 명, 왜 강화 협상	(휴전 중)	1597 정유재란 발발	1598 정유재란 종료	망국 1910

- 스물두 번째 이야기 -

과연 광해군은 밀지를 보냈을까?

명나라는 명백히 망해가고 있었다. 저주라도 받은 듯 무능한 황제들이 몇 대를 줄 줄이 계승했으니 예상 못할 바도 아니었지만 그렇다 해도 멸망하는 속도가 너무 빨랐다.

　명나라에 있어 가장 큰 재앙은 후금의 아이신기오로 누르하치, 훗날 청나라의 태조가 되는 사람이었다. 그는 명나라에 대한 일곱 가지 원한을 들어 명나라에게 복수할 것을 선언했는데, 결국 성공하지 못하고 1626년(인조 4)에 세상을 떠난다. 그러나 그의 아들 태종 홍타이지가 뒤를 이어 명나라와 전쟁을 벌인다. 명나라는 궁지에 몰리자 조선에게 자신들을 도와줄 원병을 보내 달라 요구했다.

　저물어가는 명나라, 그리고 떠오르는 청나라. 여기서 광해군의 가장 큰 업적(?) 이자 논란거리인 '중립 외교'가 등장한다. 널리 알려진 내용이란 이렇다. 광해군은 미래를 내다보는 현명함이 있었고, 명나라가 망하리라는 것을 내다보았다. 그래 서 원군을 지휘하는 강홍립에게 밀지를 건네 싸우지 말고 항복하게 했으며 이로 서 청나라와 사이좋게 지내게 되었다. 그런데 조선에는 명나라와의 의리를 지켜 야 한다는 어리석은 신하들만 가득했기에 광해군을 쫓아낸 뒤 명나라와 친밀하게 지냈고, 그 결과 병자호란이 일어나게 되었다.

　몹시 슬프고 아쉬운 이야기이다. 그런데 정말 그럴까?

　1619년(광해 11) 2월, 도원수 강홍립과 부원수 김경서(김응서)가 1만 3천명의 군 사를 이끌고 중국으로 향했다. 그들은 명나라 군사와 연합해 47만 대군으로 청나 라 10만 군대와 싸웠으나 대패했으니 이 싸움을 사르후 전투라고 한다. 명나라군 이 깨지는 동안 조선군 역시 5천 명이 전사하고 이틀 동안 포위당한 끝에 항복하 게 된다.

강홍립이야 항복한 뒤로도 잘 먹고 잘 살았고 훗날 병자호란 때는 조선을 공격하는 길잡이 역할까지 했지만 부사령관인 김경서는 어떻게든 청나라의 정보를 조선으로 보내려고 애를 쓰다가 들켜서 처형까지 당했다. 그뿐만 아니다. 사르후 전투에서 간신히 살아남은 조선 병사들은 고국으로 돌아가지 못하고 청나라 병사가 되어 이리저리 끌려 다니며 싸우다가 생을 마쳤다. 정말 광해군이 후금과 친하게 지내라는 밀지를 보냈다면 총사령관 혼자만 인지할 일은 아니지 않은가?

광해군이 명나라의 구원에 열심이지 않았던 것은 분명하고 사르후 전투 이후 청나라와 교류를 가졌던 것은 사실이다. 그렇다고 미래를 내다보는 혜안이 있어 밀지를 보냈을 가능성은 희박하다. 그저 세자 시절부터 살아남기 위해 애썼다 보니 눈치가 빨랐고, 명나라가 더 이상 안 되겠구나 하는 감을 잡고 줄을 탔을 가능성은 있다.

여기까지는 그렇다 치자. 광해군의 진짜 잘못은 자신의 생각을 지지해줄 정책의 기반을 만들지 않았다는 것이다. 만약 광해군이 정말로 중립 외교가 필요하다고 생각했다면 자신과 뜻을 같이 하는 신하들을 모으고 반대하는 사람들을 설득하며 정책을 다듬어 나갔어야 했다. 좋은 생각이 있다면 그 생각을 현실에서 진행할 수 있는 실무 시스템을 갖췄어야 했다. 하지만 광해군은 그렇게 하지 않았다. 그 대신 역모의 심문이나 궁궐 건설, 인목대비 폐위와 같은 개인의 권력과 원한에 얽힌 문제에만 지나치게 열성적이었다. 그나마도 잘 굴리지 못해 민심과 세력을 잃었다.

광해군은 인조보다 외교적인 측면에서 뛰어났을 수도 있다. 하지만 외교적 재능이 조금 뛰어나다 해도 내치, 곧 나라를 다스리는 일을 잘 해내지 못했다면 임금으로서는 저평가 받을 수밖에 없다. 만에 하나 미래를 내다보았다 한들 광해군은 그 미래를 위해 아무런 일도 하지 않았다. '알고는 있었다'와 '몰랐다'에 무슨 큰 차이가 있을까.

23
이순신 장군도 게임을 했다

[충무공 이순신]

말이 필요 없는 임진왜란의 영웅

[충장공 권율]

행주대첩을 승리로 이끈 영웅

하나요 어느 쉬는 날

"이순신님께서 권율님을 초대하셨습니다."

삐꾹!

조선왕조실록

Now Loading…

System : "이순신"님 6칸 전진!
System : "이순신"님께서 장원급제하셨소~!

이순신님의 턴!

System : "권율"님 2칸 전진!
System : "권율"님께서 공을 세워 정3품!

이순신님의 턴!

System : "이순신"님 6칸 전진!
System : 〈상소문〉 칸에 도착!
라이벌 : "이순신"은 비겁한 자이옵니다~!

System : 거짓상소로 모함을 받아
            의금부에 투옥되었소. 1턴간 휴식.

이순신님의 턴!

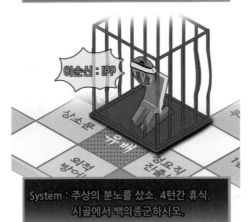

System : 주상의 분노를 샀소. 4턴간 휴식.
시골에서 백의종군하시오.

권율 : □□□□□ㅠ

System : "권율"님께서 정1품이 되셨소
"권율"님의 승리.
승경도놀이를 종료하오~

셋이요
하하하

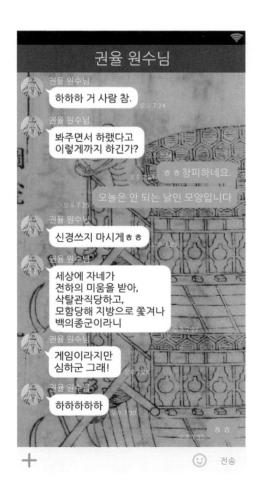

권율 원수님

권율 원수님
하하하 거 사람 참.
오후 7:24

권율 원수님
봐주면서 하랬다고
이렇게까지 하긴가?
오후 7:24

ㅎㅎ창피하네요.
오후 7:25

오늘은 안 되는 날인 모양입니다
오후 7:25

권율 원수님
신경쓰지 마시게ㅎㅎ
오후 7:25

권율 원수님
세상에 자네가
전하의 미움을 받아,
삭탈관직당하고,
모함당해 지방으로 쫓겨나
백의종군이라니
오후 7:27

권율 원수님
게임이라지만
심하군 그래!
오후 7:29

권율 원수님
하하하하하
오후 7:30

ㅎㅎ
오후 7:35

+ 😊 전송

그
런
데

그
일
이
실
제
로

일
어
났
습
니
다.
끝.

실록에 기록된 것

- 조선의 양반들, 승경도 놀이를 즐기다.
- 이순신 장군, 승경도 놀이를 즐기다.
- "1596년 3월 21일, 큰비가 종일 내렸다 (중략) 이 날은 무료함이 너무 심해서 군관을 불러서 종정도(승경도)를 겨루었다." – 『난중일기』
- 임금인 성종도 승경도 놀이를 즐기다.
  밤샘 회식 때 신료들에게 승경도 놀이를 시키다.

   성종 : 엽전을 구하노라.

- 승경도 놀이의 개발자는 태종 이방원의 심복 '하륜(1347~1416)'.
  벼슬의 이름을 쉽게 외우도록 하기 위해 만든 게임이라고.

- 이순신, 권율 모두 정1품 공신에 봉해졌다.

놀이판과 주사위
(출처:한국민속대백과사전)

기록에 없는 것

- 이순신 장군과 권율 장군, 과거에 급제하긴 했지만 장원(수석합격)은 아니었다고.
- 이순신 장군은 권율 장군과 교분이 있었다. 하지만 게임 코인을 주고받는 사이였다는 기록은 없다.

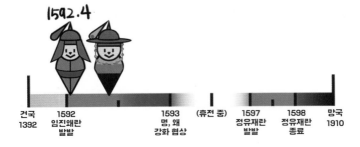

1592.4

건국
1392

1592
임진왜란
발발

1593
명, 왜
강화 협상

(휴전 중)

1597
정유재란
발발

1598
정유재란
종료

망국
1910

도리 짓고 땡!
타짜가 나가신다!

조선시대의 게임이라면 쌍륙과 투전을 빼놓고 말할 수 없다. 쌍륙은 놀이틀을 놓고 주사위 두 개를 굴려 열 두 개의 말을 이동해 먼저 말을 다 전진시키는 쪽이 이기는 게임이었다. 다른 이름으로는 저포樗蒲라고 한다. 당시의 풍속화를 보면 기생들, 즉 여자들이 주로 하던 게임인 것 같지만 남자들도 꽤 많이 했다.

다산 정약용이 대여섯 살이던 때, 집안에 술과 장, 김치를 담는 날이 찾아왔다. 가족의 1년치 반찬거리를 만들어야 하는 바쁘고 중요한 날, 일을 방해하며 장난만 치는 어린 아이를 어떻게든 얌전히 있게 만들어야 했다.

이때 정약용과 나이 차이가 많이 나던 큰형수가 시동생 전담 마크에 나서서 함께 쌍륙 놀이를 했다. 주사위를 던져 말을 옮기는 신나는 놀이에 꼬마 정약용은 말썽 피우는 것도 잊고 푹 빠졌고, 그 사이 어머니와 다른 사람들은 집안의 중대사를 무사히 치를 수 있었다. 말썽쟁이 소년을 침묵하게 만드는 쌍륙의 중독성은 뽀로로 못지않게 엄청난 것이었다.

쌍륙보다 더 높은 중독성을 자랑하던 투전은 80개의 패를 이용하는 게임이다. 패라고 해야 기름 먹인 종이를 길고 좁게 잘라 그 끝에 글이나 사슴, 토끼, 새 등의 그림을 그려 넣고 끝수를 나타내는 부호를 표시하는 게 전부였다. 게임 방식은 여러 가지이지만 대체로 사람들이 각각 패를 나눠 들고 끝수를 맞춰 가며 승부를 내는 식이었다. 숫자가 같으면 땅(땡), 가장 높은 수는 장땅이라고 했다. 어디서 많이 들어본 것 같은 용어다~ 싶으면 맞다. 도리 짓고 땡! 장땡! 투전은 화투가 수입되기 전까지 조선 사람들의 심심함을 책임지고 가산을 말아먹는 데 혁혁한 공헌을 해왔다.

다산 정약용은 어린 시절의 중독 경험을 잊고 『목민심서』에 "도박은 좋지 않다" 라며 경계하는 글을 남겼지만 사람들은 신나게 게임 판을 벌였다. 연암 박지원도 열하에 다녀오는 중 역관들이랑 투전판을 벌여 돈을 따낸 뒤 무척 뿌듯해하는 글을 남길 정도였다. 그만큼 이 시대에는 계층과 신분을 막론하고 수많은 이들이 투전을 해댔다. 이런 투전의 달인을 따로 부르는 말이 있었으니, 바로 타쟈打구! 어디서 들어본 거 같다고? 맞다. 타짜가 여기에서 나온 말이다.

조선 시대 대표적인 타자는 원이손이라는 사람이었다. 무려 효종의 증손자라는 후덜덜한 혈통을 가지고 있었지만 그는 툭하면 투전판을 벌여 안 좋은 쪽으로 명성을 날렸고, 부모님에게 붙잡혀 감금을 당했지만 집 안에서도 투전을 계속해 마침내 남이 든 투전을 모두 꿰뚫어볼 수 있는 궁극의 투시 능력을 얻었다는 전설이 전해진다.

재미있는 것은 이 사람이 결국 우의정 자리까지 올랐다는 것. 한 번 빠지면 손목을 잘라도 못 끊는다는 도박 중독을 치료한 비법이 궁금해지기도 한다. 궁극의 경지에 달했기에 빠져나올 수 있었던 것일까?

돈을 걸지 않으면 게임, 돈을 걸면 도박이다. 게임이든 도박이든 사람들이 빠져드는 이유는 결국 재미있어서다. 인간은 게임을 좋아한다. 지금으로부터 무려 5천 년 전 수메르 문명 유적에서도 게임판이 발견될 정도이다. 비록 투전 종이패는 트럼프 카드로, 화투로, 컴퓨터 마우스로 바뀌었지만 조선시대 게이머의 근성은 아직도 살아 그대로 전해져 내려오고 있다. 조선왕조실록

 명 이여송 엉아만 믿어ㅎ!

 선조 오오오ㅠㅠ

 왜군 에에에엣;;;;;??

하나요 SOS

1592년 9월 말,
명나라 황성.

명나라 관료

황제폐하 만만세

죄송합니다 아침부터;

 명황제 만력제

ㅇㅇ뭐냐?

조선에서 급한 연락입니다;

왜하고 싸우는 중이라는데......
상황 심각한가봅니다ㅇㅇ

> 명나라 황제께
>
> 제발 도와주십시오
> 제 아들 둘이 왜적을 손에
> 넘어갔습니다ㅠㅠㅠ
>
> 거기다 한양에 있는 중종, 성종대왕의
> 무덤도 파헤쳤답니다ㅠㅠㅠㅠㅠ
>
> 제발 구원병 좀 보내주세요
> 한양이라도 찾게 해주세요 예?
> 플리즈ㅠㅠㅠㅠㅠㅠㅠㅠㅠㅠ

흠ㅇㅅㅇ 헌데 폐하, 저희도
지금 후금 오랑캐랑 싸우느라
형편이 좋지가 않아서요

이건 대충 떨구시는 게 어떨지?

 명황제 만력제

떽! 대국이 쩨쩨하게 구는 거 아냐

구원병 보내라
아주 태산만큼 보내줘

헐 태산만큼요;;;??

 명황제 만력제

ㅇㅇ

대국의 위엄을 보여줘-_-!

그리고,
1593년 1월 초 조선.

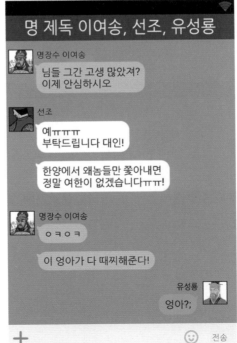

명 제독 이여송, 선조, 유성룡

명장수 이여송
님들 그간 고생 많았져?
이제 안심하시오

선조
예ㅠㅠㅠ
부탁드립니다 대인!

한양에서 왜놈들만 쫓아내면
정말 여한이 없겠습니다ㅠㅠ!

명장수 이여송
ㅇㅋㅇㅋ

이 엉아가 다 때찌해준다!

유성룡
엉아?;

전송

조선에 파병된
4만 명나라 군대와
조선 연합군.

왜군을 남쪽으로 몰아냈다.

함락됐던 평양성도
반년 만에 되찾았으니.

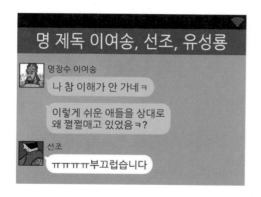

명장수 이여송
어이없어 진짜ㅋㅋㅋㅋㅋ

유성룡
헉 대인

두ㅣㅜㄷ

뒤ㅣ!!!!!!!!!!!!!!

명장수 이여송
어ㅓㅇㄴ 28 !!!!!!!!!!!

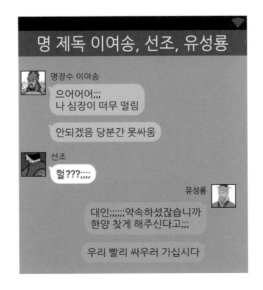

명 제독 이여송, 선조, 유성룡

명장수 이여송
으어어어;;;
나 심장이 떠무 떨림

안되겠음 당분간 못싸움

선조
헐???;;;;

유성룡
대인;;;;;약속하셨잖습니까
한양 찾게 해주신다고;;;

우리 빨리 싸우러 가십시다

284

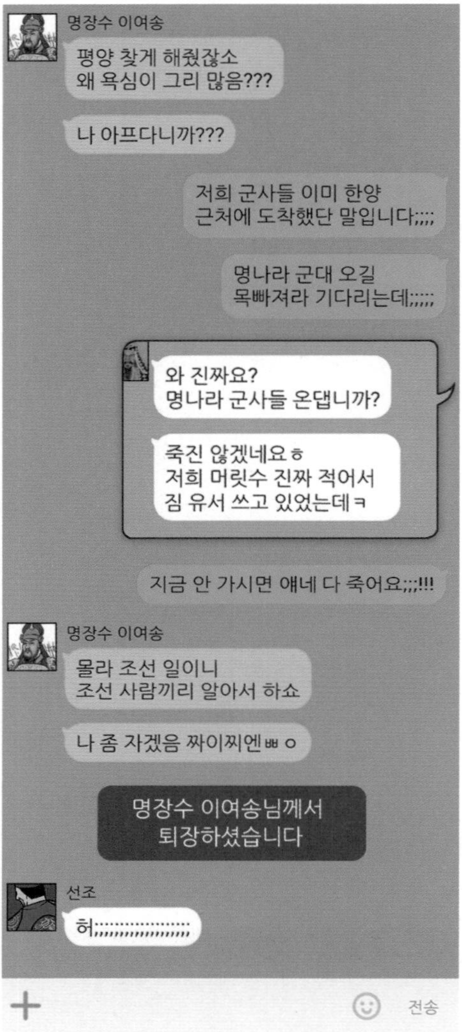

명장수 이여송
평양 찾게 해줬잖소
왜 욕심이 그리 많음???

나 아프다니까???

저희 군사들 이미 한양
근처에 도착했단 말입니다;;;;

명나라 군대 오길
목빠져라 기다리는데;;;;;

와 진짜요?
명나라 군사들 온댑니까?

죽진 않겠네요ㅎ
저희 머릿수 진짜 적어서
짐 유서 쓰고 있었는데ㅋ

지금 안 가시면 얘네 다 죽어요;;;!!!

명장수 이여송
몰라 조선 일이니
조선 사람끼리 알아서 하쇼

나 좀 자겠음 짜이찌엔ㅃㅇ

명장수 이여송님께서
퇴장하셨습니다

선조
허;;;;;;;;;;;;;;;;;

셋이요
마지막 청소

한편, 평양에서 쫓겨나
경기도까지 밀려난 왜군.

조선왕조실톡

명나라 군대가 주춤하자
가슴을 쓸어내렸다.

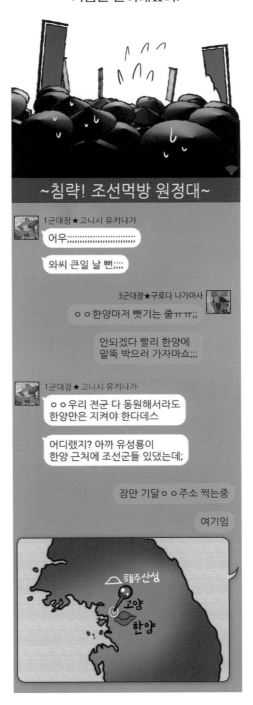

~침략! 조선먹방 원정대~

1군대장★고니시 유키나가
어우;;;;;;;;;;;;;;;;;;;

와씨 큰일 날 뻔;;;;

3군대장★구로다 나가마사
ㅇㅇ한양마저 뺏기는 줄ㅠㅠ;;

안되겠다 빨리 한양에
말뚝 박으러 가자마쇼;;;

1군대장★고니시 유키나가
ㅇㅇ우리 전군 다 동원해서라도
한양만은 지켜야 한다데스

어디랬지? 아까 유성룡이
한양 근처에 조선군들 있댔는데;

잠만 기달ㅇㅇ주소 찍는중

여기임

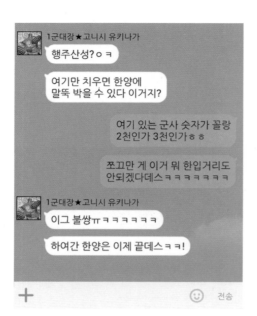

1군대장 ★ 고니시 유키나가
행주산성? ㅇㅋ

여기만 치우면 한양에
말뚝 박을 수 있다 이거지?

여기 있는 군사 숫자가 꼴랑
2천인가 3천인가 ㅎㅎ

쪼끄만 게 이거 뭐 한입거리도
안되겠다데스ㅋㅋㅋㅋㅋㅋ

1군대장 ★ 고니시 유키나가
이그 불쌍ㅠㅋㅋㅋㅋㅋ

하여간 한양은 이제 끝데스ㅋㅋ!

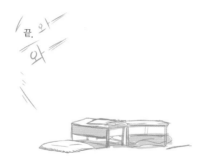

끝, 와
와

정사 正史

실록에 기록된 것

- 선조, 임진왜란 발발 이후 명에 끊임없이 원군 요청하다.
- 그러나 명, 조선이 너무 빨리 함락되자 "조선이 왜와 짜고 명을 치려 한다"며 의심하다.
- 명, 7월에 3천 명 정도의 원군을 보냈으나 왜의 기습에 궤멸되다.
- 명, 9월에 장수 이여송과 4만여 군사를 보내다.
- 조명연합군, 평양을 탈환하다. 왜군을 남쪽으로 몰아내 경기도까지 밀어내다.
- 남도에 있던 권율, 조명연합군과 함께 한양을 탈환하기 위해 고양 행주산성에서 대기하다.
- 그러나 이여송, 벽제관(경기도 고양)에서 왜 기습당해 죽을 위기에 처하다. 강한 저항에 놀라 명나라 군사 물리다. 귀국할 계획마저 세우다.
- 왜, 3만 군사를 동원한 행주산성 총공격 도모하다.

픽션

기록에 없는 것

- 이여송은 셀카를 찍지는 않았다.

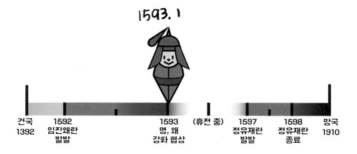

1593. 1

건국 1392 | 1592 임진왜란 발발 | 1593 명, 왜 강화 협상 | (휴전 중) | 1597 정유재란 발발 | 1598 정유재란 종료 | 망국 1910

- 스물네 번째 이야기 -

명나라 군대는 과연 도움이 되긴 했을까?

만력제는 특유의 게으름과 구두쇠 기질로 명나라의 운명을 끝장내는 데 가장 큰 기여를 한 황제로 꼽힌다. 그런 그가 한 일 중 가장 큰 수수께끼로 꼽히는 것은 조선에 막대한 파병을 결정했다는 것이다. 조세훈, 이여송 등 육군 장수를 보냈고, 원균이 참패한 이후로는 수군까지 파견했다. 이렇게 보낸 병사의 숫자만도 대략 38만 명. 명나라 군대는 임진왜란 초반, 말 그대로 초전박살이 나 임금이 요동으로 건너가네 마네 하던 위기 상황을 전환하는 데 큰 도움이 되었다. 이런 시점에서 본다면 만력제와 명나라 군대는 조선에게 엄청난 은인이다.

그러나 마냥 좋을 수는 없었다. 명나라 군대가 조선에게 지운 부담은 이만저만한 게 아니었기 때문이다. 우선 군량이 문제였다. 명나라 군대는 군량을 넉넉히 챙겨오지 않아 부족한 분량은 모두 조선이 부담해야 했는데, 당시 재상이던 유성룡은 도체찰사가 되어 군량을 구하기 위해 사방팔방을 뛰어다녀야 했다. 그럼에도 불구하고 명나라 장군들은 걸핏하면 밥을 못 먹어 못 싸우겠다는 핑계를 들어 싸우길 거부했다.

식성 차이도 문제였다. 조선은 고기 먹을 일이 드물어 채식 생활을 했지만 명나라 사람들은 상대적으로 고기를 많이 먹었다. 문화적 차이는 이뿐만이 아니었다. 조선은 조명 도구로 보통 식물성 기름을 담고 심지로 불을 붙이는 기름 등잔을 썼다. 반면 중국에서는 주로 밀랍으로 만든 촛불을 썼기 때문에 조선은 초를 보급하기 위해 애를 먹어야 했다. 그렇게 이리저리 뜯어가는 게 많다 보니 "왜군은 얼레빗이요 명나라군은 참빗"이란 말도 나왔다. 참빗은 얼레빗보다 빗살이 훨씬 촘촘해 빗고 나면 머리카락이 더 많이 빠진다. 도와주러 와놓고서는 왜군 못지않게 조선을 착취하던 명나라를 비꼬는 말이다.

이런 보급 문제는 명나라 사람들의 오만불손에 비하면 아무것도 아니었다. 남의 나라 싸움에 끼어들게 되었으니 짜증날 법도 했지만 그렇다 해도 정도가 심했다. 조선 관리들을 윽박지르고 심지어 매를 때리는 일도 벌어졌는데, 재상인 유성룡과 도원수 권율도 예외가 아니었으니 아랫사람들은 무슨 일을 당했을까? 이런 문제는 조선을 쏙 빼놓고 이루어진 명나라와 왜만의 강화 회담이 진행되면서 더욱 심해졌다. 그럼에도 조선은 항의 한 번 제대로 못하고 쭈그러들곤 했으니 약소국의 서러움이 이루 말할 수 없었다.

그래서 임진왜란이 끝난 뒤 조선에서는 『임진록』이라는 가상 역사소설이 널리 유행하게 된다. 주요 내용은 조선의 한풀이로, 왜와 명나라에 조선이 복수한다는 이야기다. 그중 이런 에피소드가 있다. 원군으로 조선에 온 이여송이 선조를 만나 벌레로 만든 명나라의 기이한 음식을 먹으라고 내어준다. 선조가 살아 있는 벌레를 차마 먹지 못하자 이여송은 귀한 것도 못 알아본다며 노골적으로 비웃는다. 그런데 농담과 재치를 역사적으로 증명한 바 있는 오성 이항복이 그 장면을 보고 나는 듯이 수라간으로 달려가 '어떤 음식'을 내어 온다. 그걸 본 선조는 기쁘게 젓가락을 들었지만 이여송은 깜짝 놀라 식은땀을 흘리며 물러나기까지 했다. 어떤 음식이었을까? 오늘날에도 외국인들을 깜짝 놀라게 하는 산낙지였다. 이런 가상 이야기까지 나올 만큼 조선의 자존감이 바닥에까지 떨어졌다는 것이니 읽다 보면 안쓰러운 기분이 든다.

이처럼 많은 문제가 있긴 했지만 명나라가 임진왜란 때 조선을 위해 막대한 물자와 사람을 투입해 도와준 것은 부정할 수 없다. 여담으로 만력제는 7년 동안 조선 원군에 퍼부은 돈보다 훨씬 더 많은 돈을 자기 무덤을 만드는 데 썼다고 한다. 오래지 않아 청나라가 일어서며 명나라는 멸망하고 말았다.

조선
왕조
실록

290
∨
291

25
행주대첩

왜군 식은 죽 먹기 ㅋㅋㅋ

권율 아닐걸?

하나요

행주산성

1593년 3월 14일,
지금의 경기도 고양시.

권율의 병사 숫자는
관군, 의병, 승병 다 긁어모아
고작 3천 남짓.

한강에 둘러싸인 배수진 형세라,
불리해도 도망조차
칠 수 없을 것이었다.

?????!!!!!!!!

+   ☺ 전송

[비격진천뢰]
시한폭탄. 방심하면 폭발.
안에는 쇳조각이 가득
들어 있다.

[화차(by.변이중)]
5대왕 문종이 만든
'문종화차' 강화 버전.
사방팔방 내뿜는 포탄.

[신기전]

화살에 달린 화약통에 불을 붙이면 적진에
로켓 소나기를 내릴 수 있다.

<행주산성>
고작 높이 100미터 남짓한
볼품없는 흙성 안이,

각종 신무기로 가득했던 것이다.

: 스탯 몰빵->화력 위주로 육성
: 무기 업그레이드 극한까지 찍음 (성벽강화 버림)
[왜군] 헐 사기다요ㅠ
: power overwhelming

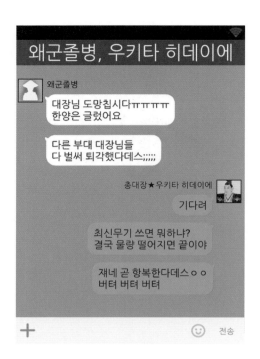

왜군졸병, 우키타 히데이에

왜군졸병
대장님 도망칩시다ㅠㅠㅠㅠ
한양은 글렀어요

다른 부대 대장님들
다 벌써 퇴각했다데스;;;;;

총대장★우키타 히데이에
기다려

최신무기 쓰면 뭐하냐?
결국 물량 떨어지면 끝이야

쟤네 곧 항복한다데스ㅇㅇ
버텨 버텨 버텨

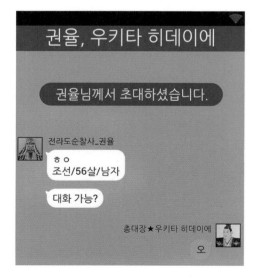

권율, 우키타 히데이에

권율님께서 초대하셨습니다.

전라도순찰사_권율
ㅎㅇ
조선/56살/남자

대화 가능?

총대장★우키타 히데이에
오

정사 正史

- 왜 3만 대군, 고양 행주산성 공격하다.
- 행주산성은 자연 지형을 활용한 토성. 권율, 목책을 세우고 토석성을 쌓아 적을 맞을 준비를 하다.
- 창, 칼, 화살, 돌 등으로 왜군에 맞서다. 권율, 직접 화살 빗속을 달리며 명령을 듣지 않는 자를 베고, 군사 독려하다.
- 비격진천뢰, 화차, 신기전 및 각종 포를 활용해 화력으로 적들을 몰아 붙이다. 왜군들, 비격진천뢰가 폭발하지 않자 서로 다투며 구경하고 만져보다가 큰 피해를 입다(경주 전투).
- 조선군, 화살이 떨어지자 돌, 끓는 물 등을 활용하다. 그러나 점차 패색이 짙어지다. 왜적, 8~9차례나 공격과 퇴각을 반복하다.
- 그때 마침 세금운반선 수십 척이 전라도에서 한강을 타고 올라오다. 마침 물러나고 있던 왜군, 군선으로 알고 한양으로 퇴각하다.
- 고니시 유키나가, 강화 협상을 제의하다.

기록에 없는 것

픽션

- 왜군은 비격진천뢰로 리듬체조를 하지는 않았다.

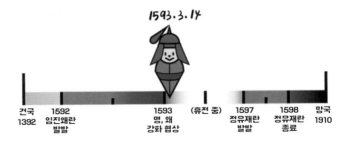

1593.3.14

| 건국 1392 | 1592 임진왜란 발발 | | 1593 명, 왜 강화 협상 | (휴전 중) | 1597 정유재란 발발 | 1598 정유재란 종료 | 망국 1910 |

- 스물다섯 번째 이야기 -
권율의 숨겨진 저력

권율은 장군이란 명칭에 정말 어울리지 않는 사람이었다. 나이 마흔이 되도록 팽팽 놀러만 다니다가 마흔이 넘어서야 비로소 명경과(유교 경전에 대한 이해를 시험하는 과거 시험)에 급제했으니 사실상 군사와는 아무 상관이 없는 사람이었다. 왜군이 쳐들어오자 그는 환갑이 가까운 나이이면서도 직접 칼을 들고 싸웠고, 부하들은 선비가 어쩜 저럴 수 있냐며 놀랐다고 한다.

권율은 임진왜란을 통해 벼락출세를 한 대표적인 인물이다. 늦깎이로 벼슬에 올랐는데 냉큼 도원수로 임명도 되고 1등 공신도 되었으니 말이다. 단순히 운 때문이라고 하기에는 그의 숨겨진 저력이 컸다.

야인으로 지낸 시간이 길어서인지 권율의 생각은 틀에 박혀 있지 않았고, 따라서 보통 사람들로서는 예측할 수 없는 일을 뚝딱 생각해냈다. 고작 병사 몇 천 명을 데리고 적진 한복판으로 뛰어든 권율이 살아남은 방책은 '잔꾀'였다. 그는 적에게 포위된 상태에서 물이 떨어지자 쌀을 말에게 부어 멀리서 보면 말을 목욕시키는 것처럼 보이도록 해 물이 풍부한 척 속였다. 모래 자루를 군량처럼 다뤄 왜군을 낚기도 했다.

이런 야사도 전한다. 행주대첩이 벌어지기 하루 전, 권율은 소수의 부하들과 함께 정찰을 나갔다가 일본의 대군과 딱 마주친다. 그러자 권율은 말했다고 한다.

"내일 우리는 정정당당하게 싸울 테니까 우릴 그냥 보내줘."

왜군 장군은 순진한 사람이었는지 정말로 권율을 보내주려고 했다. 그런데 권율이 떠나가려던 왜군 장수를 붙들어 세웠다.

"앗, 나 오던 길에 지휘봉을 떨어뜨린 것 같은데 좀 찾아줄래?"

그래서 맘씨 좋은 왜군 장군 및 부하들은 열심히 찾았지만 결국 지휘봉을 못 찾았다고 한다. 정작 진지에 돌아오니 잃어버렸던 지휘봉은 잘만 있었다. 부하들이 놀라자 권율이 빙긋 웃으며 설명하길,

"그래야 쟤들이 내일 싸울 때 피곤할 것 아냐?"

그렇다. 바로 이런 깨알 같은 잔꾀, 위대하기는커녕 치사하기만 한 야바위, 당해 봤자 큰 타격은 없지만 그래도 당하면 몹시 약 오르는 잔머리. 이것이야말로 권율의 진정한 저력이 아니었을까? 그런 의미에서 행주대첩은 참으로 상상 최악의 전투였다. 왜군의 지휘관은 원칙과 정석, 완고함의 화신이었던 이시다 미쓰나리였기 때문이다.

전황은 조선군이 절대적으로 불리했다. 고립무원의 지경에 행주산성은, 지금도 가보면 알겠지만 야트막한 '언덕'에 있는 성이라 지리적인 이점도 없었다. 그런데 여기서 3천 명의 병사들이 일본의 3만 명 군사를, 그것도 일본사에 굵직한 명성을 남긴 네임드 무장들인 이시다 미쓰나리, 우키타 히데이에, 고바야카와 다카카게, 깃카와 히로이에, 고니시 유키나가, 구로다 나가마사 등등을 한 번에 물리치는 위업을 달성한다.

승리할 수 있었던 이유는 먼저 최첨단 무기인 화차와 신기전 덕이 컸다. 그리고 짱돌과 석회가루까지 총동원했다. 제대로 된 성벽도 없어 목책을 방패로 싸운 악다구니 전법에다가 무엇보다 운이 크게 따라주었다. 총지휘관인 이시다와 우키타가 나란히 부상을 입어 실려간 데다 왜군은 마침 지나가던 조운선(조세용 쌀을 실어 나르던 배)을 조선의 원군으로 착각해 후퇴하기까지 했으니 말이다.

그리고 여기에는 평소에 이미 두각을 드러냈던 권율의 잔머리도 한몫했을 것이다. 불리한 지경에서는 최선을 다해 싸워도 이긴다는 보장이 없다는 것은 이미 탄금대 전투에서 신립이 몸소 시연한 바가 있다. 권율과 신립의 차이는 여기에 있지 않았을까. 이 싸움으로 막강한 타격을 입은 왜군은 물러나고 조선과 명나라는 마침내 서울을 되찾아 전쟁의 흐름이 뒤바뀌게 된다. 이 싸움으로 권율은 도원수에까지 올랐고 행주성 싸움은 임진왜란 3대 대첩으로 불리게 되었다. 조선왕조실록

26
멋대로 강화 협상

고니시 유키나가 ☞감놔라☜

선조 헐???

명나라 심유경 ☞배놔라☜

하나요 타임

행주산성에서는 깨지고,
전라도(이치 전투)와 경상도(진주대첩)도
못 먹고.

[왜, 고니시] [조선, 선조] [명, 심유경]

겨우 한양에 숨은 왜군,
갑자기 대화를 요청하는데.

[불탄 경복궁]

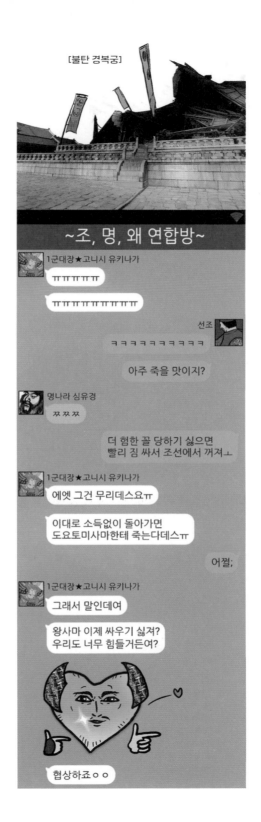

~조, 명, 왜 연합방~

1군대장★고니시 유키나가
ㅠㅠㅠㅠㅠㅠ
ㅠㅠㅠㅠㅠㅠㅠㅠㅠㅠ

선조
ㅋㅋㅋㅋㅋㅋㅋㅋㅋ

아주 죽을 맛이지?

명나라 심유경
쯧쯧쯧

더 험한 꼴 당하기 싫으면
빨리 짐 싸서 조선에서 꺼져ㄴ

1군대장★고니시 유키나가
에엣 그건 무리데스요ㅠ

이대로 소득없이 돌아가면
도요토미사마한테 죽는다데스ㅠ

어쩔;

1군대장★고니시 유키나가
그래서 말인데여

왕사마 이제 싸우기 싫져?
우리도 너무 힘들거든여?

협상하죠ㅇㅇ

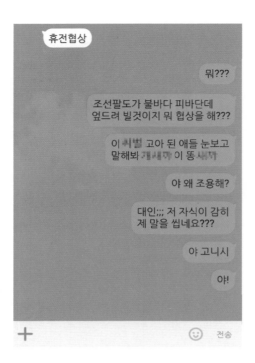

휴전협상

뭐???

조선팔도가 불바다 피바단데
엎드려 빌것이지 뭐 협상을 해???

이 ■■ 고아 된 애들 눈보고
말해봐 ■■■ 이 똥 ■■■

야 왜 조용해?

대인;;; 저 자식이 감히
제 말을 씹네요???

야 고니시

야!

😊 전송

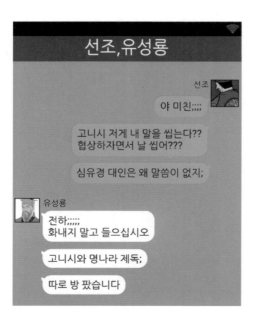

선조,유성룡

선조

야 미친;;;;

고니시 저게 내 말을 씹는다??
협상하자면서 날 씹어???

심유경 대인은 왜 말씀이 없지;

유성룡

전하;;;;;
화내지 말고 들으십시오

고니시와 명나라 제독;

따로 방 팠습니다

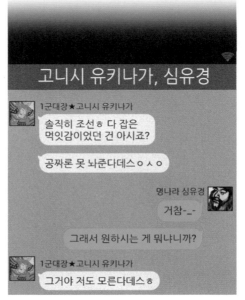

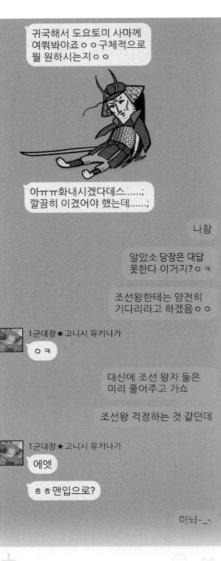

귀국해서 도요토미 사마께 여쭤봐야죠ㅇㅇ 구체적으로 뭘 원하시는지ㅇㅇ

아ㅠㅠ화내시겠다데스......;
깔끔히 이겼어야 했는데......;

나참

알았소 당장은 대답 못한다 이거지?ㅇㅋ

조선왕한테는 얌전히 기다리라고 하겠음ㅇㅇ

1군대장★고니시 유키나가
ㅇㅋ

대신에 조선 왕자 둘은 미리 풀어주고 가쇼

조선왕 걱정하는 것 같던데

1군대장★고니시 유키나가
에엣

ㅎㅎ맨입으로?

아놔-_-

셋이요 **돈 터치!**

 ~조, 명, 왜 연합방~

선조

> 대인;;;;;;;;;;;;;;
> 이게 뭡니까???

 명나라 심유경

> 헐

> 갠톡을 훔쳐보다니

> 군자가 할 짓이 아니잖소 흠;

> 안 보게 생겼습니까???

> 조선 운명을 어떻게
> 조선왕 빼고 결정하세요;;;?

> 고니시 너 도랏맨???

 1군대장★고니시 유키나가

> 아니 솔직히;

> 지금 조선 목숨줄 쥐고 있는 거
> 왜와 명나라데쇼ㅇㅅㅇ?

> 죽이든 살리든 우리 둘 맘인데
> 약소국 왕께서 왜 끼어드심ㅎ?

> 헐;;;;;;;;;

 명나라 심유경

> 에헤이 자넨 말을 해도-_-
> 조선 임금님도 화 푸십쇼

> 어짜든동 ★휴전★이잖음^^

> 와 전쟁 끝! ㅊㅋㅊㅋ!

> 네?;;;;;

 1군대장★고니시 유키나가

> ㅊㅋㅊㅋ
> 그럼 이만 사요나라ㅋ

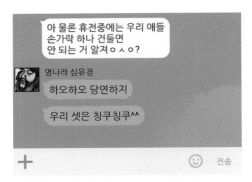

왜 10만 대군,
여유롭게 퇴각하다.

권율 등 조선 군사들,
공격하려 했으나 명, 가로막다.

왜, 부산에 성을 짓고
편안히 눌러앉다.

명나라 군사들도
조선을 보호한다며 말뚝 박다.

조선, 명, 왜
불편한 동거 시작되다.

실록에 기록된 것

정사 正史

- 왜, 강화 협상 요청하다.
- 고니시 유키나가, 명나라 장수 심유경과 둘이서 단독으로 강화 협정 맺다. (조선 왕자를 돌려준다/퇴각하는 왜군을 공격하지 않는다)
- 선조와 조선 조정, 왜군을 쫓아 격퇴할 것을 요청했으나 명나라, 그냥 평화 분위기 조성하자며 소극적으로 나오다. 권율, 강을 건너 공격하려 했으나 명나라, 배를 몰수해 버리다.
- 왜군, 부산에 왜성(일본식 성) 짓고 눌러앉다. 명나라 군대도 조선에 주둔하다. 선조, 몇 달 후 오랜만에 한양 돌아가다. 기나긴 강화 협상 시작되다.

기록에 없는 것

픽션

- 진짜 저랬다.

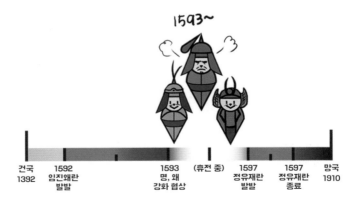

1593~

| 건국 1392 | 1592 임진왜란 발발 | | 1593 명, 왜 강화 협상 | (휴전 중) | 1597 정유재란 발발 | 1597 정유재란 종료 | 망국 1910 |

- 스물여섯 번째 이야기 -
약소국의 스파이

임진왜란 중반, 전선은 교착 상태가 된다. 왜는 한성을 잃은 뒤 기세가 꺾였고 명나라도 벽제관 전투에서 패배한 이후 소극적이 된다. 상황이 이렇게 되자 "한 판 붙자!"보다는 "싸우지 말고 해결해 볼까?"로 생각이 방향을 틀며 강화가 이루어진다. 그러나 그 강화는 정작 조선은 끼지도 못한 명나라와 왜 둘만의 회담이었다. 느닷없이 침략당해 전쟁을 치르느라 몇 년 동안 국토며 백성들이며 막대한 피해를 입은 조선은 아예 협상 테이블에도 오르지 못했다.

그런데 이 강화 회담은 결국 파토가 나고 만다. 두 나라의 입장 차이가 너무 컸기 때문이다. 우선 명나라는 왜를 아주 머나먼 섬의 별 볼일 없는 나라로 여기고 있었으므로 '조공을 바칠 권리'를 좀 주면 될 것이라고 안이하게 생각했다. 즉 "너희를 예쁘게 봐줘서 우리 신하로 받아준다. 영광이지?"라는 몹시도 고까운 중국 위주의 마인드를 가지고 있었다.

그런데 콧대 높기로는 왜도 다를 바 없었다. 도요토미 히데요시는 몹시 구체적이면서도 어이없는 조건을 내걸었으니, 하나는 명나라의 황녀를 자신의 첩으로 보내라는 것이었고 또 하나는 조선 팔도 중 절반을 잘라 왜에 달라고 요구한 것이었다. 당연히 이 사실이 알려지면 조선부터 받아들일 리 없었다. 결국 협상 대표 심유경과 고니시는 양국의 의견 차를 조절하지 못해 각자 거짓으로 보고를 했고, 결국 들통이 나면서 회담은 파토가 나고 정유재란으로 이어지게 된다.

이 와중 조선은 눈물 나는 첩보전을 벌여야 했다. 조선은 처음부터 강화 회담에 끼지도 못했고, 심지어 '강화에 방해가 된다'는 이유로 군사 활동을 금지당했다. 명나라 장수들은 "너희들이 못나서 왜에게 당한 것"이라는 폭언을 서슴지 않으며, 조선군이 왜군과 충돌을 벌이면 강화를 망칠 셈이냐며 윽박지르거나 조선 병사들을 처벌하기까지 했다.

　그래서 조선이 명나라에게 껌벅 죽어 명나라의 말대로 따랐냐면 천만의 말씀. 조선은 조선 나름의 길을 찾아 정보를 긁어 모았다. 이 부분에서 가장 크게 활약한 이는 명나라의 접반사, 곧 접대를 담당했던 한음 이덕형이었다. 젊은 시절부터 천재로 유명했던 그는 명나라의 동정을 조선의 조정에 알리는 일을 도맡았다. 어느 때는 명나라 장수의 하인을 열심히 구워삶아 기밀 문서를 빼내 쭉 한 번 읽은 뒤 그 내용을 조선에 알리기도 했다. 이덕형은 한 번 읽는 것만으로도 문서 내용을 모조리 외울 수 있었다. 이렇게 모은 정보를 두고 조선 정부는 끊임없이 회의를 벌였다. 선조와 신하들은 과연 명나라의 의도는 무엇이고 강화 회담의 내용은 무엇인지, 심유경은 믿을 수 있는지, 왜가 어떻게 나올 것인지 등등을 치열하게 토론했고, 어떻게 하면 조선의 이익을 크게 할 수 있는지를 도모했다.

　조선이 명나라에게서 얻어낸 것은 그뿐만이 아니었다. 명나라의 장수 중 낙상지라는 사람이 있었는데, 그는 용맹할 뿐만 아니라 밀덕이었다. 그는 같은 밀덕인 유성룡에게 병문안을 가 함께 불타는 덕토크를 나눌 만큼 친밀해지더니, 마침내 명나라의 각종 신식 무기에 대해 가르쳐주고 교사까지 소개해준다. 당연히 조선은 이것을 잘 이용하여 각종 신식 무기와 무술, 전법을 가르치는 군사양성학교인 훈련도감을 만들었다. 이는 조선 후기의 군대 양성에 크게 기여하게 된다.

　조선은 약소국이었지만 임진왜란 당시 강대국에게 무조건 고개를 숙이는 대신 할 수 있는 최선을 다했다. 그러나 불과 수십 년 뒤 재조지은再造之恩, 거의 멸망하게 된 것을 구원하여 도와준 은혜이라며 명나라의 은혜가 하해와 같다고 외치는 사람들이 늘어났으니, 인간이 역사를 배워야 하는 이유를 역설하는 부분이 아닐까. 조선왕조실록

27

거짓말과 정유재란

도요토미 히데요시	★욕심쟁이★
고니시 유키나가	싸우기 싫다ㅠ
명 심유경	나도ㅠㅠ

하나요 어긋나는 협상

명나라 장수 심유경,
조선에 눌러앉은 고니시에게

[고니시 유키나가] [명 심유경]

"이 조건에 전쟁 끝내자"
흥정을 붙이는데.

[왜군이 머물고 있는
부산 왜성]

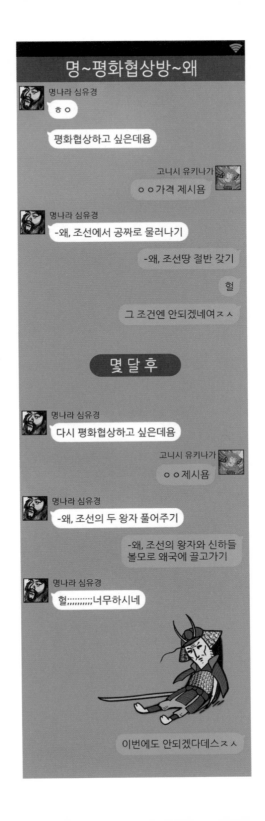

또 몇 달 후

 명나라 심유경

협상하져ㅇㅇ

이번엔 인심 좀 썼소
조건 맘에 드실 듯ㅎ

고니시 유키나가

ㅇㅋ 저도 슬슬 지친다데스

저희도 많이 깎았으니까
이번엔 진짜 협상 마치고
전쟁 끝내버리자데스ㅇㅇ

 명나라 심유경

ㅇㅋ

-왜, 도요토미 히데요시가
직접 이번 전쟁 사과하기.

-조선, 왜에 평생 충성하겠다
맹세하고, 명나라, 황제의 딸을
왜 천황의 후궁으로 보내기

 명나라 심유경

뭐요???????????

충성이 어쩌고 어째??????
황녀마마를 뭐 어째????????

이 양심 팔아먹은 놈들아

....
"""""""""""""""""""""""

\+   ☺ 전송

서로 생각이 너무나 달라,
자그마치 4년 가까이 끈 협상.

결국 명, 왜 모두 지쳤는데.

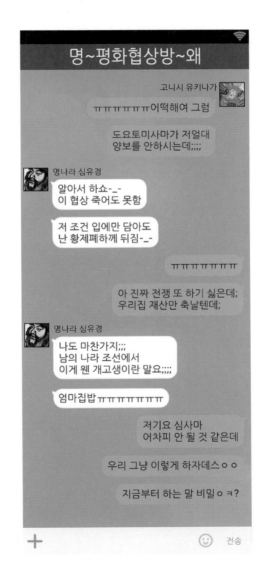

그로부터 얼마 후, 왜국.

조선과 명나라의
절대항복을 받아냈다 '뻥쳐',
도요토미를 달래려던 고니시.

[왜 태정대신 도요토미 히데요시]

어설픈 거짓말은 금방
들통나고 말았다.

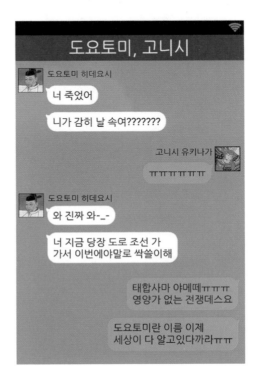

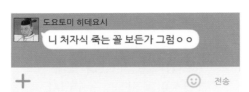
도요토미 히데요시
니 처자식 죽는 꼴 보든가 그럼ㅇㅇ

결국, 휴전 4년 만인
1597(정유)년.

끝~조선 2차 원정대~장

1군대장★고니시 유키나가
무사 상륙했다데스;

어쩔까요? 또 한양으로
조선왕 잡으러 갈까요;?

도요토미 히데요시
ㅇㅇ아 근데
이번엔 빨리 가지 마

천천히 가

하잇;;?

도요토미 히데요시
가는 길에 보이는
여자, 남자, 노인네, 어린애

싹그리 죽이면서 가

실록에 기록된 것

- 고니시와 심유경은 수년간 평화 협상을 시도했다. 그러나 서로 의견 차가 너무 커 결국 합의점을 찾지 못했다.
- 협상이 자꾸 늦어지자 부담감을 느낀 고니시, 도요토미에게 마치 명나라와 조선의 항복을 받아낸 양 보고하다. 그러나 자신이 요구한 것들이 지켜지지 않자 도요토미, 고니시의 속임수였음을 눈치챈다.
- 분노한 도요토미, 정유년에 다시 14만 대군으로 조선을 침략하다.
- 조선의 임금을 잡기 위해 한양으로 빠르게 이동했던 임진년 때와는 달리 대량살육을 하며 천천히 진격하다.
- 도요토미, 고위무장들에게는 머리를, 하위무장들에게는 코를 베어 바치도록 명하다. 코들을 모아 무덤을 만든 게 일본에 있는 '코(귀) 무덤'.

기록에 없는 것 픽션

- 중고 거래하듯 평화 협상을 하지는 않았다.

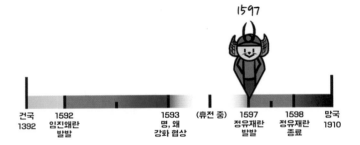

- 스물일곱 번째 이야기 -
일본군의 사정

임진왜란 때 조선에 쳐들어온 왜의 장군과 군사들은 모두 9개의 군단으로 총 인원은 15만 8천 명이었다고 한다. 이 모두가 조선에 건너온 것은 아니었고 왜에 주둔한 예비 부대들도 있었지만 아무튼 여기 참여한 장수들은 모두 전국시대의 반복되던 전투로 잔뼈가 굵었고 일본사에도 굵직한 자취를 남긴 인물들이다.

가장 유명한 왜의 장수는 고니시 유키나가. 그는 1군의 대장이자 처음으로 한성에 들어와 평양까지 점령했다. 그런데도 가장 전쟁을 원하지 않았던 사람으로, 조선과 협상을 하기 위해 초기부터 조선 정부와 접촉을 하려고 애를 썼다. 2차 진주성 전투를 앞두고는 미리 조선 정부에게 "백성들을 피난시키라"는 조언을 하기도 했다. 명나라의 심유경과 강화 회담을 진행한 인물이기도 하다. 그는 가톨릭 교도로 평양에서 조선인 양녀를 들였는데 이 양녀는 가톨릭으로 개종하여 오타아 줄리아라는 이름을 가지게 된다.

2군의 장군은 가토 기요마사. 그는 도요토미와 개인적인 친분이 있어 출세한 사람으로 몹시 성미가 사나웠다. 고니시와는 선봉을 다투었고 그래서 사이는 좋지 않았다. 가토는 고니시가 협상하려 했던 조선의 사신을 죽이고 고니시는 가토의 정보를 조선에 일부러 흘리는 등 왜군의 내부 사정도 엉망이었다. 가토는 조선에서 가장 미움을 받은 장수였다. 그는 함경도까지 치고 올라가 왕자인 임해군과 순화군을 사로잡았고(사실은 왕자들의 횡포가 너무 심해서 현지 관리들이 반란을 일으켜서 넘겨준 것이지만) 불국사를 불태우는 등 여러 난폭한 일을 저질렀다. 선조는 이순신을 파직하고 백의종군시키면서 "이순신이 가등청정(가토 기요마사의 이름 한자를 한국식으로 읽은 것)의 목을 베어 온다고 해도 용서하지 않겠다!"라고 말했다 하니 그만큼 가토의 악명이 높았다는 뜻이다.

3군은 구로다 나가마사가 지휘했다. 지략가로 이름난 그의 아버지 구로다 간베에도 잠시 조선에 온 적이 있었다. 4군 소속인 시마즈 요시히로는 노량해전의 지휘관이자 사천 전투에서 조선과 명나라 군대를 패퇴시켰고, 여기에 더해 조선의 도공들을 대거 왜로 끌고 간 인물이다.

지략이 뛰어나 벽제관 전투에서 이여송을 꺾는 위업을 달성했지만 이치 전투, 행주대첩에서 두 번이나 권율에게 패배한 고바야카와 다카카게는 6군의 대장이었다. 총대장이던 우키타 히데이에는 8군 대장이었는데, 행주대첩 때 크게 다쳐 죽을 뻔하기도 했지만 군공도 꾸준히 세워 2차 진주성 전투에도 참여해 많은 조선인 포로를 잡아간 것으로 알려져 있다.

그 외에 수군도 1만 명 가까이 있었다. 그러나 육군과 수군의 구분이 분명하지 않아서 때로 서로의 역할을 번갈아가며 수행하기도 했다. 용인 전투에서 이광을 패퇴시킨 군공을 세웠다가 한산도대첩 때 깨진 와키자카 야스하루나 도도 다카토라 같은 인물이 그렇다. 이들은 칠천량해전 때 조선 수군을 섬멸했지만 이후 명량해전 때 이순신에게 패전한다. 훗날 세키가하라 전투에서 도요토미 가문의 편에 섰던 이시다 미쓰나리는 한때 강화 회담을 진행하기도 했고, 다테 마사무네는 2차 진주성 전투에 참여한다.

그리고 정유재란(선조 31년)이 끝나고 2년 뒤, 이 전쟁에 참여했던 장수들은 그들끼리 동군과 서군으로 갈려 전투를 벌이니 이것이 세키가하라 전투이다. 전투의 승자는 동군. 동군의 수장은 도쿠가와 이에야스였다. 이는 곧 도요토미 가문의 몰락을 뜻했고 정권을 잡은 도쿠가와는 조선과 다시 국교를 개시했으며 포로로 잡혔던 조선인들이 이때 대거 귀환했다.

그저 조선을 침략한 악당들이라고 생각하면 쉽고 편리하긴 하지만 많은 왜의 군사들 역시 권력자가 일으킨 전쟁에 참여하느라 죽거나 다쳤으니, 왜군이 조선에게 끼친 피해도 끔찍했지만 왜군 역시 추위와 굶주림에 시달리며 처참하게 괴로워했다. 전쟁이란 모두가 힘들고 괴로운 것이다. 조선왕조실록

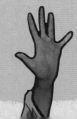

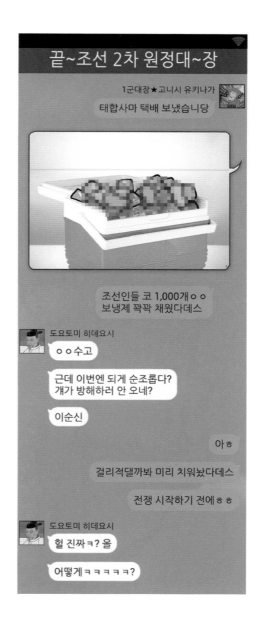

끝~조선 2차 원정대~장

1군대장★고니시 유키나가

태합사마 택배 보냈습니당

조선인들 코 1,000개ㅇㅇ
보냉제 꽉꽉 채웠다데스

도요토미 히데요시

ㅇㅇ수고

근데 이번엔 되게 순조롭다?
걔가 방해하러 안 오네?

이순신

아ㅎ

걸리적댈까봐 미리 치워놨다데스

전쟁 시작하기 전에ㅎㅎ

도요토미 히데요시

헐 진짜ㅋ? 올

어떻게ㅋㅋㅋㅋㅋ?

선조		너 짜증↓
이순신(충무공)		(-"_"-)
원균		너 짜증↑

때는 1596년 말,
정유재란이 일어나기 직전.

고니시, 승기를 잡을
뜻밖의 찬스를 발견하는데.

Sun_jo님
우울/나도 할 만큼 했다

Sun_jo님
1595년 모바일에서 씀

조선수군이 걔 덕을 본 게 아니라
걔가 조선수군 덕을 본 거 아닌가?

공유 917   옳소! 1   인용

Sun_jo님
1597년 모바일에서 씀

ㅇㅅㅅ ㅋ짜ㅈ ㄴㄷㅈㅁㄹ

공유 1592   옳소! 1   인용

ㄴ 백성1 : @Sun_jo 옥수수 콘짜장 나도존맛러?
ㄴ 백성2 : @Sun_jo 이순신 캐짜증 나대지마라
          ㄴ 백성1 : 이거인듯;;;;

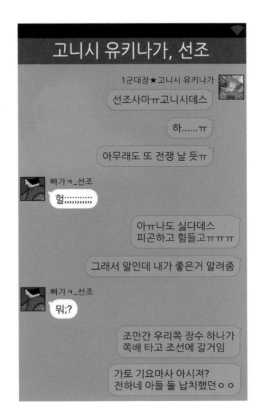

고니시 유키나가, 선조

1군대장★고니시 유키나가

선조사마ㅠ고니시데스

하......ㅠ

아무래도 또 전쟁 날 듯ㅠ

빠가ㅋ_선조
헐;;;;;;;;;

아ㅠ나도 싫다데스
피곤하고 힘들고ㅠㅠㅠ

그래서 말인데 내가 좋은거 알려줌

빠가ㅋ_선조
뭐;?

조만간 우리쪽 장수 하나가
쪽배 타고 조선에 갈거임

가토 기요마사 아시져?
전하네 아들 둘 납치했던ㅇㅇ

이순신 보내서 얘 죽여버리라데스

빠가ㅋ_선조
헐;;;;;;;???? 니네 편인데???

아 갠차늠ㅇㅅㅇ
나 걔 싫어해서ㅎ

하여간 꼭 이순신 보내라데스
가토 조선 상륙하면 전쟁 못막음

ㅇㅋ?

\+   ☺ 전송

진심인 듯 기밀(?)을 흘린 고니시.
뜻밖의 첩보에 선조,
뭐라도 해낸 듯 신나서

이순신에게 출정을 명령하는데.

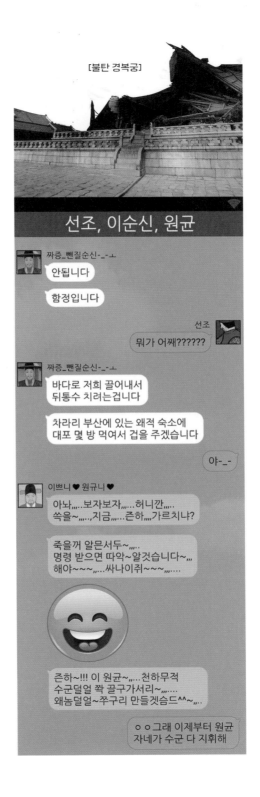

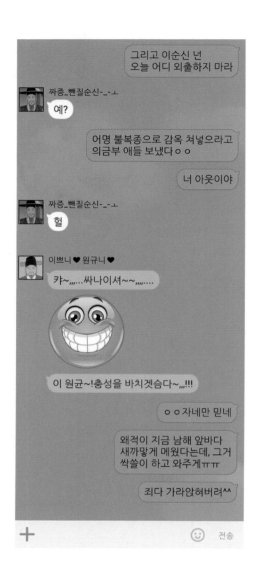

그리고 이순신 넌
오늘 어디 외출하지 마라

짜증_뺀질순신-_-ㅗ
예?

어명 불복종으로 감옥 쳐넣으라고
의금부 애들 보냈다ㅇㅇ

너 아웃이야

짜증_뺀질순신-_-ㅗ
헐

이쁘니💗원규니💗
캬~,,,...싸나이셔~~,,,....

이 원균~!충성을 바치겟슴다~,,,!!!

ㅇㅇ자네만 믿네

왜적이 지금 남해 앞바다
새까맣게 메웠다는데, 그거
싹쓸이 하고 와주게ㅠㅠ

죄다 가라앉혀버려^^

＋   ☺ 전송

그리고 얼마 뒤, 원균은
칠천량 바다에서
정말로 싹 가라앉힌다.

자신이 이끌던 수천 조선 수군과
수백 척의 배들을(거북선 포함).

무모한 공격 끝에
완전히 녹아내린 조선 수군.

왜적들은 더욱 사납게
조선을 망가뜨렸다.

셋이요
미안해

풀려난 이순신, 하지만
배도 군사도 없는 맨몸이었는데.

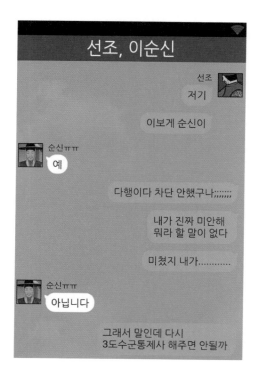

이순신,
긁어모은 수 척의 판옥선과
고깃배를 이끌고 나서다.

물살 거센 진도 바다에서
왜군의 300척 수군에 맞서니

이가 곧 '명량 대첩'이다.

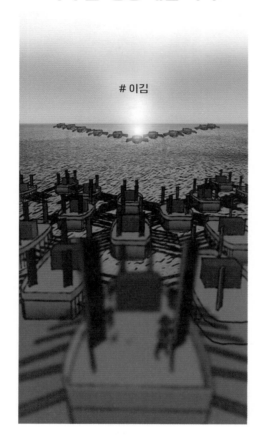

\# 이김

와
와-

실록에 기록된 것

- 고니시, 첩자 요시라를 통해 선조에게 "가토 기요마사가 무방비한 상태로 바다를 건너고 있다. 당장 이순신을 보내 처치하라" 하다.
- 이순신, "적의 계략"이라며 어려운 기색 보이다. 사실 이때 이미 가토는 조선에 도착한 상태. 결국 이순신, 왜군의 본거지인 부산을 쑥대밭 만드는 것으로 무력 시위하다.
- 그러나 선조와 조정 대신들, "이순신이 말을 듣지 않아 적장을 놓쳤다"며 처벌 요구하다. 이순신을 아낀 일부 신료들의 변호로 극형은 면해 권율의 밑에서 백의종군하다.
- 원균, 수군을 끌고 나가 정면대결 하겠다고 주장하다. 그러나 막상 전란이 터지자 나가지 않고 버티다 권율에게 곤장까지 맞다.
- 칠천량에서 적의 계략에 빠진 원균, 배와 군사를 버리고 퇴각하다 적에게 죽다. 조선 수군, 궤멸되다.
- 선조, 이순신에게 사죄하며 복직시키다.
- 명량에서 이순신, 기적적인 승리 거두다. 왜군, 또 물자 공급 루트를 잃고 퇴각하다.
- 휴전 중(1596년) 농민들이 반란 '이몽학의 난' 일으키다. 의병장들이 가담했다는 소문이 퍼져 선조, 거론된 의병장들을 체포하고 심문하다. 고문을 받아 죽기도 하다. 이후 선조, 자신의 권력에 도전하는 것에 매우 민감해하다.

기록에 없는 것

- 원균은 술을 좋아하고 권위의식이 강한 사람이었으나 꼰대체를 썼다는 기록은 없다.

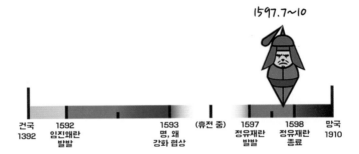

1597.7~10

건국 1392 / 1592 임진왜란 발발 / 1593 명, 왜 강화 협상 / (휴전 중) / 1597 정유재란 발발 / 1598 정유재란 종료 / 망국 1910

- 스물여덟 번째 이야기 -

기록의 중요성

『난중일기』. 오랫동안 권장도서로 자리매김하는 책이다. 한국인이라면 읽어 보지 않았어도 이 책의 제목과 쓴 사람의 이름 정도는 알 것이다. 『난중일기』를 제대로 읽어 보면 '이순신은 이 일기가 출간되어 후세에까지 읽힐 줄은 꿈에도 생각 못했다'는 짐작이 든다.

일기란 본래 남에게 보이기 위한 글이 아니라 그저 하루를 보내며 생각한 것들을 적는 글이다. 공식 기록이 아니라 사적이고 은밀한 것이기에 남의 눈치를 보지 않고 온전한 자신의 이야기를 쓴다. 그래서 원래 이 일기에는 이름도 없었다. 그냥 이순신이 쓴 일기이고 일기를 쓰던 시기에 임진왜란이 벌어졌을 뿐이다. 훗날 사람들이 임진왜란 중에 쓰인 일기라는 뜻의 '난중일기'라는 이름을 붙인 것이다.

임진왜란이 벌어지기 전 이순신의 삶은 굉장히 평온했다. 전라좌수사로서 통상 업무를 보고 가끔 시설이 망가져 있으면 고쳤으며 제대로 일을 하지 않는 부하들을 혼냈다. 오늘날 회사원의 생활 같다. 그래서 이 시기 일기는 매우 짧다. 그러다가 임진왜란이 시작되어 할 일이 크게 늘어나자 일기의 분량도 길어진다. 바쁘다보니 가끔은 몇 달씩 일기를 쓰지 못하는 시기도 있긴 했지만. 어쨌든 이순신은 왜란이 시작된 이후 7년 동안 겪은 개고생의 기록을 남긴다.

이 일기 속의 이순신은 위대한 슈퍼히어로가 아닌, 그저 힘들게 하루하루를 꾸역꾸역 살아가는 보통 사람에 가깝다. 1년 365일 24시간 나랏일만 걱정하고 어떤 고난 앞에서도 강철처럼 흔들리지 않을 것 같지만… 웬걸. 일기 속의 이순신은 툭하면 아프고 토하고 밤잠을 설치고 힘들어한다. 가끔은 나쁜 꿈을 꾸고 밤을 새우거나 멀리 떨어져 있는 어머니와 자식들의 걱정을 한다.

쉬지 않고 일만 하는 것도 아니다. 가끔은 동료들과 활쏘기나 사냥을 나가기도 하고, 술은 참 많이도 마시고, 몸이 아프다고 일을 쉬는 경우도 많다. 불리한 전쟁에서 정부의 도움도 기대할 수 없이 알아서 모든 걸 해결해야 했으니 스트레스가 이만저만이 아니었을 것이다. 그런 상황에서 그 정도로 정신력을 유지한 것만도 대단한 것이지만, 어쨌든 우리가 생각하는 큰 칼을 차고 과묵하게 폼을 잡은 채 수루에 앉아 있을 것 같은 장군의 이미지와는 많이 다르다.

그는 일을 잘 못하면 상사고 동료고 가차 없이 지적했다. 특히 경상우수영의 원균에게는 두고두고 욕을 퍼부어 대고 있다. 오죽 두 사람이 안 맞으면 이렇게까지 심하게 욕을 할까 싶을 정도이다.

그러다가 삼도수군통제사 자리에서 쫓겨나 감옥에 갇히고 백의종군을 하게 된 이순신은 몇 달 만에 "옥문을 나왔다"라고 첫 일기를 쓰게 된다. 그런 그를 기다린 것은 칠천량 해전으로 쑥대밭이 된 조선 수군과 어머니의 부고. 이순신은 일기에 "차라리 죽고 싶다"라고 적을 만큼 괴로워했다. 지난 몇 년간 잘 가꾸었던 수군은 작살이 났으며 그와 동고동락했던 동료들은 전사하거나 포로로 끌려가버린 다음이었다. 다시금 (이름뿐인) 삼도수군통제사가 된 이순신이 도착하자 피난 가던 백성과 군사들은 우르르 몰려와 통곡을 하며 "사또께서 오셨으니 이제 우리는 살았다!"라고 외쳤다. 그렇지만 관청과 군량을 보관하던 창고는 불에 타고 배도 열두 척밖에 안 남은 상황. 게다가 살아남은 부하들도 이미 희망이 없다며 어떻게든 달아나려는 기세만이 역력했다.

많은 사람들은 이 지점에서 이순신이 "신에게는 아직 열두 척의 배가 있습니다!"라는 기개 있는 말을 남기고 명량으로 싸우러 나갔을 것이라 생각한다. 그러나 일기 속의 이순신은 불타버린 관청을 보고 기가 막혀 혼자 수루에 앉아 괴로움에 빠진다. 그도 사람이다. 억울하게 누명을 쓰고 고초를 겪은 것도 속상하고 그나마 잘 가꾸어둔 수군이 박살 난 것도 원통한데, 제대로 배도 남아 있지 않은 처참한 상황에서 자신에게 쏟아지는 기대가 얼마나 부담스러웠겠는가. 일기에는 인간 이순신이 겪는 고통이 고스란히 담겨 있다.

『조선왕조실록』에서 이순신의 기록을 찾으면 애개 소리가 나올 정도로 비중이 작다. 그런데도 우리가 이순신 및 당시 조선 수군의 놀라운 전술을 알 수 있는 것은 『난중일기』 덕분이다. 이순신 본인은 자신의 사생활을 공개하기 싫었을지도 모르지만 그가 남긴 일기는 개인의 기록을 넘어 역사가 되었다.

아직 12척 있어요

하나요 동명이인

임진년 1월 10일, 비.

요즘 왜군들의 움직임이
심상치 않다.
정말 쳐들어오기라도 하려는 것인가?

전라좌수사 충무공 이순신

뭐, 미래는 알 수 없는 법.
언제나 만약의 사태를 대비할 따름이다.

아, 그러고 보니 오늘
새 부하가 들어온다고 했지?

이곳 전라좌수영은 중요 방어선.
제대로 된 인간이었으면
좋겠군……

응?

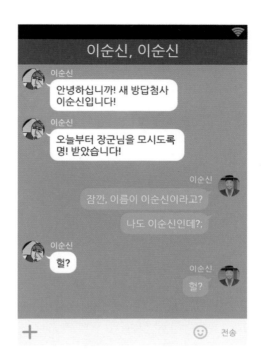

나, 충무공 이순신(李舜臣).
그리고
그, 무의공 이순신(李純信).

**임진왜란이 시작되기
겨우 석 달 전,
우리 두 이순신은 만났다.**

나보다 아홉 살 연하라는
무의공 순신이.

**알고 보니
참 괜찮은 친구였다.**

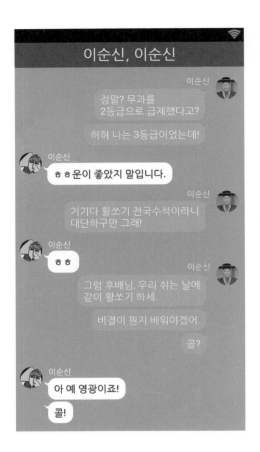

그때부터 나는, 순신이와
틈만 나면

함께 활을 쏘았다.

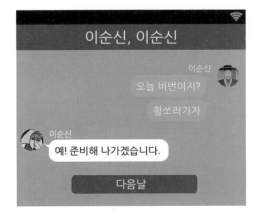

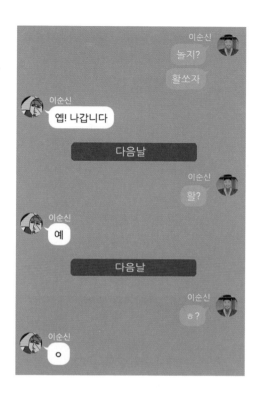

셋이요

백이종군

순신이는
쉬는 날에는
내 활친구, 술친구였지만,

전장에서는 믿음직한 부관이었다.

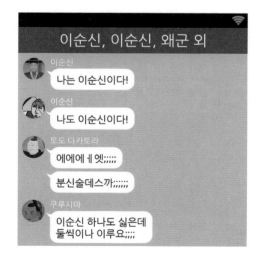

에에에에에 ㅔ ㅔ 엣;;;;;;

+ 😊 전송

거듭되는 조선의 승리!
결국 왜군들은 물러났고,
조선에는 짧은 평화가 찾아왔다.

**그러나 5년 뒤
1597 정유년,
뜻밖에도 허를 찔리니……**

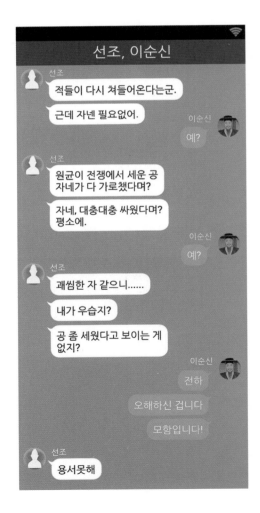

선조, 이순신

선조
적들이 다시 쳐들어온다는군.

근데 자넨 필요없어.

이순신
예?

선조
원균이 전쟁에서 세운 공
자네가 다 가로챘다며?

자네, 대충대충 싸웠다며?
평소에.

이순신
예?

선조
괘씸한 자 같으니……

내가 우습지?

공 좀 세웠다고 보이는 게
없지?

이순신
전하

오해하신 겁니다

모함입니다!

선조
용서못해

나는 감옥에 갇히고 말았다.
왕명을 어긴 죄라고 했다.
극형에 처한다고도 했다.

어찌 이럴 수가 있나.
어찌!

결국 한 달 뒤
특사로 풀려났지만,

그땐 이미 적들의 발소리가
지천에 깔린 뒤였다.

이순신씨, 석방이요.

관직도 군사도 잃은 내게
주어진 것은,
백성들이 입는 흰 옷 한 벌뿐.

[백의종군]
白衣從軍

눈앞이 캄캄하다.

맨몸으로 장수가
무엇을 할 수 있단 말인가?

내게 희망이 있나?
조선에 희망이 있나?

"선배님! 앞이요."

감옥에서 풀려난 그 날,
순신이는 술병을 들고 찾아왔다.
그러고는 함께 취하며 위로해주었다.

그래!
내겐 아직 사람이 있다.
나는 아직 할 수 있다.

그리고, 그해 9월.

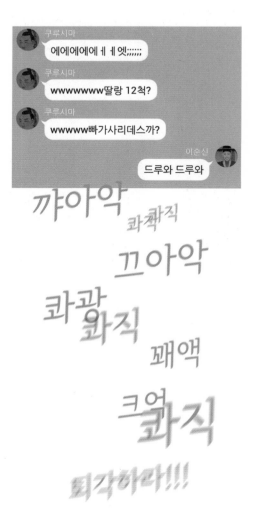

쿠루시마
에에에에에에 ㅔ ㅔ 엣;;;;;

쿠루시마
wwwwwww딸랑 12척?

쿠루시마
wwwww빠가사리데스까?

이순신
드루와 드루와

꺄아악 콰쾍직
끄아악
콰꽝 콰직 꽤액
크엉 콰직
퇴각하라!!!

[명량대첩]
1597.9.16
이순신 장군, 배 십수 척으로 300척 적군을 이기다

조선왕조실톡

그리고 다음 해 11월,
임진왜란의 마지막 전투

[노량해전]

내가 적의 총탄에 쓰러졌을 때,
분연히 뛰쳐나간 것은

또 한 명의 이순신이었다.

실록에 기록된 것

- 도요토미 히데요시 사망하다. 왜, 조선에서 철군하다. 왜군을 완전히 쫓아내기 위해 이순신과 명 수군, 추격하다(노량해전).
- 충무공 이순신과 무의공 이순신이 만난 것은 임진왜란 발발 석 달 전인 임진년 1월. 무의공은 전라좌수사(정3품) 충무공의 명을 받는 방답 첨사(종3품)로 들어왔다.
- 충무공의 무과 급제 성적은 병과, 무의공은 을과였다. 활은 무의공이 더 잘 쐈다.
- 충무공과 무의공, 임진왜란 내내 함께 활 쏘고, 술 마시고, 밥 먹고, 이야기하다. 함께 승경도 놀이도 했다. -『난중일기』(본문 23화 참조)
- 충무공의 백의종군 첫날, 무의공은 술을 가져와 밤새 취하며 위로했다. -『난중일기』
- 노량해전에서 충무공이 전사했을 때, 부관이었던 무의공이 병졸들을 이끌었다. 그리고 충무공의 후임 통제사로 추천됐다.

1592 4~1598

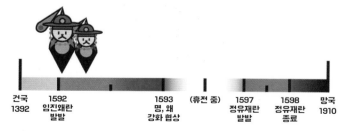

| 건국 1392 | 1592 임진왜란 발발 | 1593 명, 왜 강화 협상 | (휴전 중) | 1597 정유재란 발발 | 1598 정유재란 종료 | 망국 1910 |

- 스물아홉 번째 이야기 -

아무나 부를 수 없는 이름

　　살다보면 때로 이름이 같은 사람을 만나게 된다. 충무공 이순신李舜臣과 무의공 이순신李純信도 그랬다. 같은 시대, 또 다른 동명이인으로는 오성과 단짝이었던 한음 이덕형李德馨과 병자호란 때 인조를 호종했던 죽천 이덕형李德泂이 있었다. 이 사람들은 당대에서 유명한 사람들이라 이름이 기록에 남은 것이며, 그렇지 않았던 사람들까지 포함하면 같은 이름을 가진 사람들은 무척 많았을 것이다.

　　그러다보니 불편한 일들도 생겨났다. 이미 성종 때 동명이인인 것을 이용해서 남의 공을 가로채는 사람들의 기록이 발견된다. 역모 혐의를 받는 사람과 동명이인일 경우, 함께 굴비두름처럼 엮여 들어가 문초를 받으며 생고생을 하기도 했다.

　　옛 사람들은 이름을 하나만 가진 게 아니었다. 보통은 태어난 직후 이름, 곧 '명名'을 붙인다. 그런데 부모가 직접 붙여준 이름은 몹시 귀한 것으로 여겨 함부로 쓰지 않았다. 국가 기록이나 족보 등에는 올라갔지만 지금처럼 "○○야!", "○○ 씨!"라고 마구 부르지는 않았다는 것이다.

　　그럼 어떻게 했을까? 일단 어릴 때는 아명으로 부른다. 이것은 대부분 한자가 아니었고 그냥 귀여운 별명처럼 부르는 이름이었다. 세종대왕의 아명은 막동이었고 인종은 백돌이었다. 또 고종은 개똥이었다고 한다. 유아 사망률이 높았던 시절, 일부러 천한 이름을 붙여서 오래 살기를 기원하는 의미도 있었다. 양반이 아닌 백성들은 바로 이 아명으로 평생을 살기도 했다.

　　그러다 성년이 되면 남자는 상투를 틀고 여자는 쪽을 찌고 비녀를 꽂는 의식을 치른 뒤 또 다른 이름인 '자字'를 가지게 된다. 이것은 명과 달리 좀 편하게 부를 수 있는 이름이었다. 그렇다고 아무나 부를 수는 없었으며 친하게 지내는 사람이나 가까운 손윗사람만 쓸 수 있었다. 공적인 자리에서는 아무리 친한 사이라 해도 자로 부르면 예의가 없다며 두고두고 흉을 잡혔다. 기묘사화 당시 술에 취한 조광조가 바로 이런 일들 때문에 욕을 먹었고, 친한 내시를 자로 부른 명종도 불평을 들었다.

마지막으로 호號는 그 사람의 특징, 취미, 성향을 반영한 이름이다. 본인이 자신에게 붙이기도 했고 남이 지어주기도 했다. 요즘으로 따지면 닉네임이다. 그래서 시를 짓거나 그림을 그리고 나서 적는 이름은 보통 호였다.

문제는 자기 마음대로 짓는 이름이다 보니 한 사람의 호가 한 두 개가 아니었다는 것. 닉세탁… 아니, 개인의 취향에 따라 여러 호를 쓰기도 했다. 호를 하나만 쓴 사람이 오히려 드물었다. 율곡 이이만 하더라도 자는 숙헌이었지만 호는 율곡, 석담, 우재였다. 추사체로 유명한 서예가 김정희는 완당, 추사, 예당 등등 자그마치 100개가 넘는 별호를 사용해 후세 연구자들이 머리를 쥐어뜯게 하기도 한다.

이외에는 시호諡號가 있다. 이는 큰 공을 세운 사람에게 나라가 내리는 특별한 이름이었다. 충무공 이순신의 '충무'가 대표적인 예인데 조선시대에는 충무란 시호를 가진 장군들도 꽤 여러 명이다. 같은 시대 진주성 전투에서 싸우다 전사한 김시민도 충무공이라는 시호를 받았고 병자호란 때 활약한 정충신 역시 충무공이라는 시호를 받았다. 그러다 보니 꼭 이름을 붙여서 불러야 한다는 곤란한 점이 있다.

옛 사람들이 쓴 편지를 볼 때 어려운 점이 이것이다. 이를테면 율곡 이이의 편지나 개인적인 글에서는 '계함'이라는 말이 나오는데 이는 송강 정철의 자이다. 정철이라는 이름도, 송강이라는 호도 아닌 자로만 부르는 이름이기에 우리에게는 참 생소하다. 마찬가지로 한음 이덕형은 다섯 살 연상인 이항복에게 편지를 보낼 때면 이자상이라고 썼다. 한 사람에게 붙은 이름만도 너무 많으니 관련 자료를 연구하자면 눈이 팽글팽글 돌아가지만 그래서 더욱 재미있을 때도 있다. 각 인물들의 관계나 친밀도를 짐작할 수 있는 근거이기도 하니 말이다. 독자 여러분이 직접 자신의 이름을 짓는다면 과연 어떤 이름으로 불리고 싶은지? 조선왕조실록

선조는 한석봉을 사랑해

임진왜란이 끝났다.

선조,
조선을 도와 참전한 명나라를
하늘처럼 떠받들었는데.

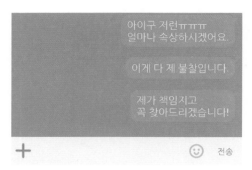

이런 선조의 태도는,
조선의 신하들에게마저
빈축을 샀다.

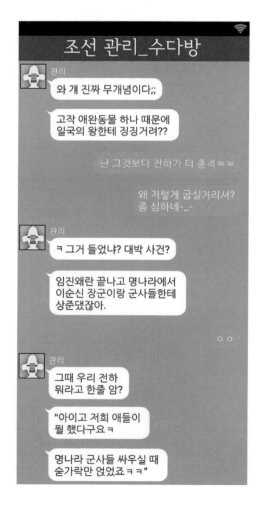

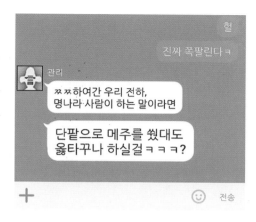

헐

진짜 쪽팔린다ㅋ

관리
ㅉㅉ하여간 우리 전하,
명나라 사람이 하는 말이라면

단팥으로 메주를 쒔대도
옳타꾸나 하실걸ㅋㅋㅋ?

+ 😊 전송

둘이요

피의 쉴드

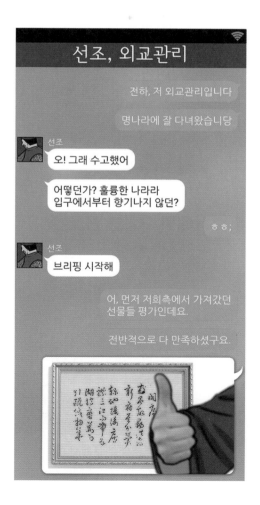

선조, 외교관리

전하, 저 외교관리입니다

명나라에 잘 다녀왔습니당

선조
오! 그래 수고했어

어떻던가? 훌륭한 나라라
입구에서부터 향기나지 않던?

ㅎㅎ;

선조
브리핑 시작해

어, 먼저 저희측에서 가져갔던
선물들 평가인데요.

전반적으로 다 만족하셨구요.

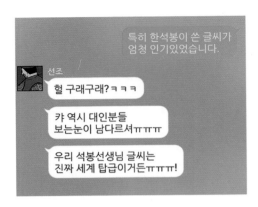

특히 한석봉이 쓴 글씨가
엄청 인기있었습니다.

선조

헐 구래구래?ㅋㅋㅋ

캬 역시 대인분들
보는눈이 남다르셔ㅠㅠㅠ

우리 석봉선생님 글씨는
진짜 세계 탑급이거든ㅠㅠㅠ!

명필로 유명한 한석봉은
선조대의 인물.

엄마 피!
ㅜ 피!

잘 썼구나.

뚝
뚝

서예를 사랑한 선조는
그를 매우 흠모했다.

전문가평도 되게 좋았어요

요즘 명나라에서 제일 핫한
왕세정 교수한테도 보여줬는데요.

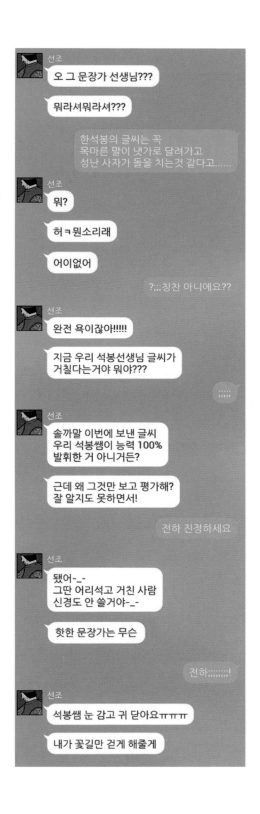

선조
오 그 문장가 선생님???

뭐라셔뭐라셔???

> 한석봉의 글씨는 꼭
> 목마른 말이 냇가로 달려가고
> 성난 사자가 돌을 치는것 같다고......

선조
뭐?

허ㅋ뭔소리래

어이없어

> ?;;;칭찬 아니에요??

선조
완전 욕이잖아!!!!!

지금 우리 석봉선생님 글씨가
거칠다는거야 뭐야???

> .....

선조
솔까말 이번에 보낸 글씨
우리 석봉쌤이 능력 100%
발휘한 거 아니거든?

근데 왜 그것만 보고 평가해?
잘 알지도 못하면서!

> 전하 진정하세요

선조
됐어-_-
그딴 어리석고 거친 사람
신경도 안 쓸거야-_-

핫한 문장가는 무슨

> 전하;;;;;;;l

선조
석봉쌤 눈 감고 귀 닫아요ㅠㅠㅠ

내가 꽃길만 걷게 해줄게

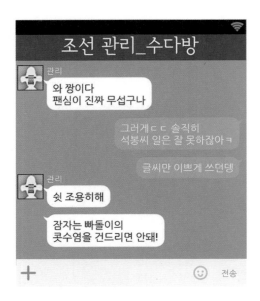

선조의 이런 빠심(?)은,
어린 자식에게 대물림되었으니.

광해군

놀고들 계십니다

으르렁

왕이 된 광해군은,
배다른 여동생을 유폐해버렸다.

하지만 정명공주는
갇힌 신세임에도 쉼 없이
붓글씨를 연마했다.

십대에 불과한 그녀,
어두운 궁 안에서 꿈을 담아
힘찬 글씨 두 자를 쓰니

華 화

政 정

(나라를 빛나게 다스리다)

- 정명공주가 유폐 시절에 쓴 글자 -

이다.

356
∨
357

그리하였다고 한다.

끝.

실록에 기록된 것

- 명나라 제독, 고양이를 잃어버렸다고 선조에게 이르다.
- 선조, 명나라가 조선 장수들에게 상을 내리려 하자 사양하다.
- 선조, 명필 한호를 아끼다.
- 선조, 한호의 글자를 평한 명나라 문장가 왕세정을 "그는 진실하지 못하다. 이번에 보낸 글자(초서, 예서)는 한호의 메인 장르가 아니지 않나. 조선의 옛 역사에 대해서도 틀린 말을 하더니, 필시 그는 어리석고 거친 사람일 것이다" 하다.
- 선조, 왜국이 평화 무드를 조성하며 조선의 글자를 달라고 하자 "돼지 잡는 칼로 닭을 잡으란 말이냐" 하며 한호의 글씨를 아끼다.
- 선조, "마음이 좁고 일을 잘 못한다"며 까이는 한호를 아껴 벼슬을 내리고 상을 주다.
- 선조의 딸 정명공주, 호쾌한 필체를 자랑하다.

기록에 없는 것

- 선조와 공주가 떡 썰기 놀이를 했다는 기록은 없다.

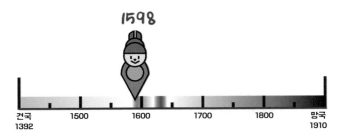

1598

| 건국 1392 | 1500 | 1600 | 1700 | 1800 | 망국 1910 |

명필의 쓸모

명필은 글씨를 잘 쓰는 사람을 말한다. 명필 이야기를 하면 조선 초기 4대 명필을 꼽는 사람도 있고 조선 500년 전체에 걸쳐 3대 명필을 꼽는 사람도 있다.

오늘날 사람들 중에는 이런 의문을 품는 사람들도 꽤 많을 것이다. '글씨를 잘 쓰는 게 그렇게 대단한 거야?'라고. 손글씨 자체를 거의 쓸 일이 없는 요즘 사람들 입장에서는 더욱 그렇다.

가장 먼저 글씨라는 것이 어쩌다 만들어졌는지부터 이야기를 해야겠다. 글자는 인간의 말과 생각을 기록하기 위해서 만들어진 기호이다. 말은 내뱉는 순간 사라지고, 생각도 시간이 지나면 잊혀지는 법. 그것을 방지하기 위해 사람들은 '뜻'을 담은 기호를 만들었고 그게 바로 글씨, 즉 문자가 되었다.

동아시아에서 가장 처음으로 글자를 만들어낸 나라는 중국이다. 처음에는 뼈, 또는 구리 솥에 글씨를 새겨 넣었다. 그러다가 전국시대쯤에는 대나무를 엮어 만든 두루마리인 죽간이 만들어졌다. 그리고 마침내 세계 최초로 종이라는 막강한 발명품을 만들어낸다. 종이가 발명되며 글자는 새기는 것이 아니라 쓰는 것이 되었고, 필기구인 붓이 탄생했다. 대나무로 만든 붓대 끝에 털을 묶고 먹물을 묻혀 선을 긋는 도구인 붓은 글씨도 쓸 수 있고 그림도 그릴 수 있었다.

일정한 굵기의 선을 그을 수 있는 연필이나 펜, 그리고 일률화된 활자와 달리 붓이라는 도구는 참 많은 것을 담아낼 수 있다. 딱딱한 선, 부드러운 점, 거센 파도 같이 거친 흐름, 바람과 같은 가느다란 호선까지. 때로 글자는 붓을 든 사람의 사람됨마저도 비추곤 한다. 단정하고 정갈하게 쓰인 글씨를 보면 온화한 사람이 떠오르고, 딱딱하고 거칠게 내려간 글씨는 성격이 급한 사람이 떠오른다. 바로 그래서였을 것이다. 글씨를 쓰는 것이 단순히 기록을 위한 용도가 아니라 예술의 하나로 승화된 까닭 말이다. 이는 서양이나 이슬람권 국가에서도 마찬가지여서 점차 글씨를 예술로 승화시킨 캘리그라피가 발전하게 된다.

　조선 전기의 4대 명필로 꼽히는 사람은 안평대군 이용, 봉래 양사언, 자암 김구, 그리고 석봉 한호이다. 세종대왕의 셋째 아들인 안평대군은 예술적인 식견이 높았던 것으로 유명하고, 계유정난 때 둘째 형인 세조의 손에 죽임당한 사실로도 잘 알려져 있다. 한호는 어머니와 불을 끄고 떡 썰기 내기를 한 일화로 유명하다.

　그럼 남은 둘은? 설명하기가 쉽지 않다. 양사언은 "태산이 높다 하되 하늘 아래 뫼이로다"라고 시작하는 「태산가」를 지은 사람이며 본래 서얼 출신이었지만 그 어머니가 스스로 목숨을 버려 가면서까지 신분세탁을 해 줬다는 민담이 남아 있는 등 그럭저럭 이야깃거리가 있다. 하지만 중종 때의 명필 김구는 이야깃거리를 찾기 어려울 정도로 지명도가 낮다. 오히려 그보다는 조선 후기의 추사 김정희가 명필로 더 유명하다.

　이렇다 보니 4대 명필이라고 해도 별 것 없다는 생각이 들 수도 있다. 명필이란 사람들에게는 글씨 잘 쓰는 것 말고 특별한 재주가 없어 보이니 말이다. 명필은 실제로도 글씨 잘 쓰는 것 외에는 별 쓸 데 없는 사람들이 대부분이었다. 게다가 글씨를 아름답게 쓴다고 해서 꼭 품성까지 좋은 사람인 것도 아니었다. 지금 동대문에 걸린 현판의 '흥인지문興仁之門'이라는 글씨는 안평대군 못지않은 명필로 이름났지만 세자 자리에서 쫓겨날 정도로 행패가 심했던 양녕대군의 글씨라고 전해진다.

　많은 예술이 그렇듯이 글씨 또한 '쓸모'로만 따질 수 있는 것은 아닌 듯하다. 미색 종이 위에 날아가는 새처럼 흘러가는 글씨들을 보고 있노라면 비록 그 글씨의 뜻을 알지 못하더라도 그 멋에 감탄하게 되니, 아름다운 글씨는 그것만으로도 가치를 지니는 것이며 그래서 '명필'들 또한 그 이름을 떨쳤던 것이리라. 조선왕조실록

하나요 악플

나는 광해군.
요즘 머리 아파 죽을 것 같다.

[광해군]
15대 임금. 선조의 아들

임진왜란 때문이냐고?
아니!

| 속보 | 정치 | 경제 | 사회 | 생활/문화 | 세계 |

[긴급속보] 임진왜란 발발!

[평론]선조,무너진 리더십…성난 민심
1592년 11월

▲사진 : 한양을 버리고 도망치는 주상전하

Re : 개똥이

진짜 왕 짱싫음ㄴ퉷퉷

Re : 과거꼭붙자

백성들은 죽어가는데
지만 살겠다고 숨어있네-_-ㄴ

명나라로 도망 시도…세자 광해에게 전권 맡겨

▲사진 : 의병을 다독이는 광해군(18)

"백성들 : 믿을 건 광해군뿐"

Re : 큐티아낙네

전쟁터를 누비는 광해군 저하♥
겨우 18살인데ㅠㅠ존멋

Re : 핸썸훈장

♥광.해.군.짱.우.윳.빛.군.자♥

Re : 최강유생

임금아 차라리 물러나라
광해군이 백번 낫다

Re : 최강유생

임금아 차라리 물러나라
광해군이 백번 낫다

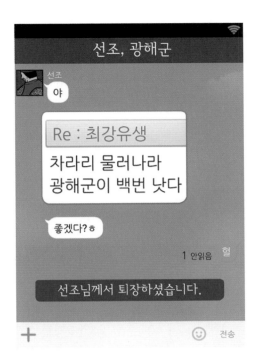

아바마마께서……
단단히 삐쳤다!

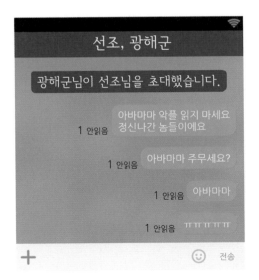

※선위 : 왕위를 물려줌.

나는 슬펐다.
내가 그리 미우신가?
칭찬은 못하실 망정…….

그런데,
며칠 후.

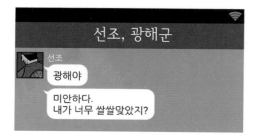

어?

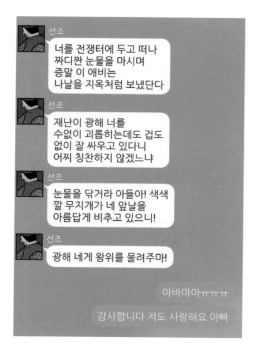

z

나는 가슴이 벅차
참을 수가 없었다.

**이 기쁨을
누군가와 나누고 싶어!**

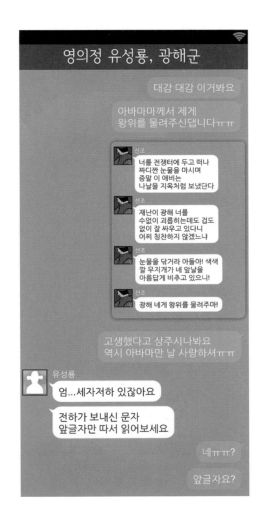

영의정 유성룡, 광해군

> 대감 대감 이거봐요

> 아바마마께서 제게
> 왕위를 물려주신답니다ㅠㅠ

선조
> 너를 전쟁터에 두고 떠나
> 짜디짠 눈물을 마시며
> 증말 이 애비는
> 나날을 지옥처럼 보냈단다

선조
> 재난이 광해 너를
> 수없이 괴롭히는데도 겁도
> 없이 잘 싸우고 있다니
> 어찌 칭찬하지 않겠느냐

선조
> 눈물을 닦거라 아들아! 색색
> 깔 무지개가 네 앞날을
> 아름답게 비추고 있으니!

선조
> 광해 네게 왕위를 물려주마!

> 고생했다고 상주시나봐요
> 역시 아바마만 날 사랑하셔ㅠㅠ

유성룡
> 엄...세자저하 있잖아요

> 전하가 보내신 문자
> 앞글자만 따서 읽어보세요

> 네ㅠㅠ?

> 앞글자요?

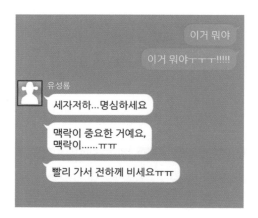

유성룡
세자저하...명심하세요
맥락이 중요한 거예요,
맥락이......ㅠㅠ
빨리 가서 전하께 비세요ㅠㅠ

이거 뭐야
이거 뭐야ㅜㅜ!!!!!

선조, 아들의 충성심을 시험하기 위해
임진왜란 내내 선위 쇼를 벌이다.

광해군, 그때마다 선조에게 가서
"제발 명을 거두시라"고
손이 발이 되도록 빌다.

#똥개_훈련

그리하였다고 한다.

끝.

실록에 기록된 것

- 선조, 임진왜란이 일어나자 "지원을 요청하겠다"며 명나라로 망명하고 자 하다.
- 18세 광해군, 관리 십 수 명만 데리고 조선에 남아 전쟁을 수습하다.
- 임진왜란 1년 11월, 유생 두 명이 백성들의 뜻을 모아 상소문을 올리 다. "차라리 광해군한테 선위하지?" 원래라면 반역죄에 해당하나, 인 기가 땅에 떨어진 선조, "나도 그러고 싶은데 전쟁 끝나고 하겠다" 호 소하다.
- 선조, 전쟁 중에 열다섯 번 선위쇼를 벌이다.
- 광해군, 그때마다 가서 무릎 꿇고 빌다. 자기는 멍청하고, 병약하고, 하 찮으니 아버지가 필요하다 호소하다.
- . 유성룡을 비롯한 신하들도 함께 빌다.

기록에 없는 것 픽션

- 선조는 본심을 숨기기는 했지만, 세로드립은 치지 않았다.

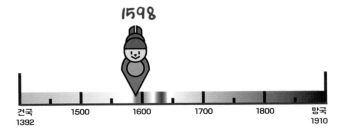

1598

건국 1392　1500　1600　1700　1800　망국 1910

- 서른한 번째 이야기 -

선조라는 임금에 대하여

1567년(명종 22), 갑작스럽게 세상을 떠난 명종의 뒤를 이어 하성군 이연이 왕이 되었으니 이가 선조다. 그의 아버지는 중종의 아홉 번째 아들인 덕흥군이었으며 선조는 덕흥군의 셋째 아들로 위로 형이 둘 있었다. 따라서 선조는 조선 역사상 첫 번째 서자 출신 임금이었으며, 왕세자도 왕자도 아니면서 왕이 된 첫 번째 경우였다. 게다가 즉위했을 당시의 나이 16세. 단 한 번도 왕이 되기 위한 교육을 받지 못했던, 준비되지 않은 왕이었으므로 처음부터 권위가 제대로 설 리 없었다. 그러나 선조에게는 나름의 기회가 있었다. 이때가 당파 싸움이 절정에 올랐던 시기였기 때문이다.

당파 싸움에 몰두한 신하들이 서로 치고받는 사이 선조의 왕권은 강화되었다. 하지만 왕권이 강화되든 아니든 중요한 것은 그 칼자루를 누가 쥐었으며 어떻게 휘두르냐에 따라 좋은 정치가 될 수도 있고 나쁜 정치가 될 수도 있다는 것이다.

상황은 그렇게 나쁘지 않았다. 선조는 일찍 어머니를 잃었고 외가도 한미했으며 무엇보다 정실부인인 의인왕후 박씨에게서 자식을 얻지 못했다. 이로써 인종, 명종 내내 이어졌던 외척의 문제는 해결되었지만 반면 후계자 문제가 생겼다. 서자로서 첫째 아들은 임해군이었지만 그는 어느 누구도 세자감이라고 생각하지 않을 만큼 엉망진창이었고 그 외의 자식인 정원군, 순화군도 백성들을 괴롭히기로 악명이 높았다. 나중에 임진왜란이 벌어졌을 때는 백성들이 순화군을 붙잡아 왜군에게 넘길 정도였다. 이렇게 형편없는 자식들 중 둘째아들 광해군이 가장 총명하다는 평을 들었다. 그런데 광해군의 친어머니이자 선조에게 가장 총애받던 공빈 김씨가 광해군이 두 살 때 세상을 떠나고 만다.

이것만으로도 골치 아픈 상황인데, 선조의 사랑은 다른 후궁인 인빈 김씨에게로 옮겨 갔고, 임진왜란 때 의인왕후가 아닌 인빈을 피난길에 데려갈 정도로 그녀를 편애했다. 그리고 인빈 김씨가 낳은 아들 신성군을 세자로 삼으려 했던 것 같다.

그럼에도 불구하고 선조는 임진왜란 초기 멘탈이 붕괴됐을 때를 제외하면 나름 정치적인 감각이 훌륭한 임금이었다. 굵직한 사화 및 당파 싸움을 겪으면서도 동인과 서인, 각 신하들의 세력을 잘 조정해 균형을 맞춘 솜씨도 대단했고 국제적인 감각도 뛰어나 명나라와 왜를 절대로 믿지 않으면서도 어떻게든 이용하기 위해 애썼다.

문제는 선조의 이 뛰어난 정치적 감각이 오로지 자기 자신의 자리보전을 위해 쓰였으며 나라의 미래나 주변 사람들을 돕는 데는 전혀 쓰이지 않았다는 데 있다. 선조는 자신의 자리를 위협하는 사람은 아들이든 충신이든 라이벌로 여기고 질투 했으며 인정사정없이 물어뜯었다. 이순신이 대표적인 케이스였고 그 다음으로 당한 사람이 그의 친아들인 광해군이었다. 나라가 망할 뻔한 위기를 겪고 백성들에 게 돌팔매질까지 당한 임금이었으니 자신의 자리에 대해 불안함을 느꼈던 것도 인간적으로 이해할 수는…… 개뿔. 그는 나라가 전쟁으로 들썩이는 와중에도 열 다섯 번이나 왕 노릇을 그만두겠다며 양위 소동을 일으켰고, 전쟁이 끝난 뒤 명나 라가 첫째가 아닌 둘째 아들을 세자로 임명한 것을 불만스러워하자 "명나라 인증 도 못 받은 네가 무슨 세자냐?"라며 광해군을 구박했다. 여기에 인목왕후에게서 얻은 늦둥이 영창대군을 왕으로 삼겠다며 연막을 치기까지 했으니, 아들을 도와 주기는커녕 발을 걸고 온갖 훼방을 놓았던 것이다.

이렇게 수십 년간 괴롭힘을 당한 광해군이 정신적인 공황 상태에 도달한 것도 당연한 수순. 광해군이 왕이 된 뒤로도 인간 불신을 극복하지 못해 정치를 어그러 뜨리고 자기 자신을 망치게 된 배경에는 선조가 있다. 이처럼 선조는 아버지로서 도 임금으로서도 낙제점인 인물이었다.

조선
왕조
실록

32
아홉 살 어린 새엄마

하나요 인간불신

[15대 임금 광해군]

**오늘 또,
관료들과 싸웠다.**

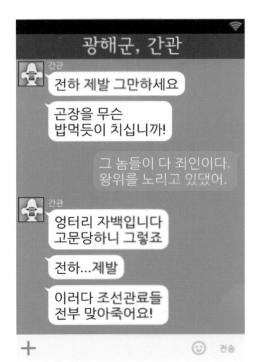

광해군, 간관

간관
전하 제발 그만하세요

곤장을 무슨
밥먹듯이 치십니까!

그 놈들이 다 죄인이다.
왕위를 노리고 있댔어.

간관
엉터리 자백입니다
고문당하니 그렇죠

전하...제발

이러다 조선관료들
전부 맞아죽어요!

조선왕조실톡

의심병이라고?
내가?

아니.
저자가 틀렸다.
저자는 모른다.

세상에는 참으로,
믿을 사람 하나 없음!

둘이요

세자 책봉과 아버지의 재혼

때는 12년 전,
내가 아직 세자였던 1602년.

임진왜란이 끝나
한창 뒷수습을 하던 중이었다.

[광해군, 세자]

그때 아바마마는……
나를 정말이지
눈엣가시로 여기셨다.

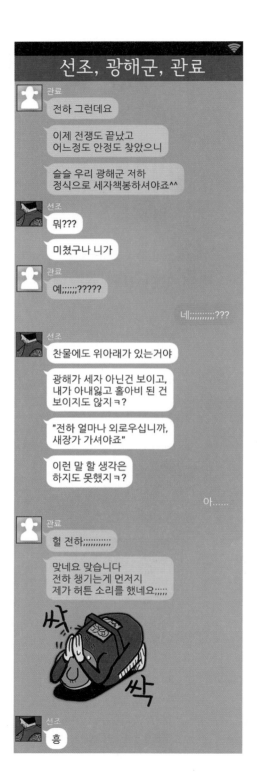

선조, 광해군, 관료

관료
전하 그런데요

이제 전쟁도 끝났고
어느정도 안정도 찾았으니

슬슬 우리 광해군 저하
정식으로 세자책봉하셔야죠^^

선조
뭐???

미쳤구나 니가

관료
예;;;;;?????

네;;;;;;;;???

선조
찬물에도 위아래가 있는거야

광해가 세자 아닌건 보이고,
내가 아내잃고 홀아비 된 건
보이지도 않지ㅋ?

"전하 얼마나 외로우십니까,
새장가 가셔야죠"

이런 말 할 생각은
하지도 못했지ㅋ?

아......

관료
헐 전하;;;;;;;;;

맞네요 맞습니다
전하 챙기는게 먼저지
제가 허튼 소리를 했네요;;;;;

선조
흥

머지않아 아바마마는
새 중전을 뽑았다.

나도 새어머니께
인사를 드리게 되었는데,
그때 나는 알았다.

**'아바마마,
나 진짜 싫어하시는구나.'**

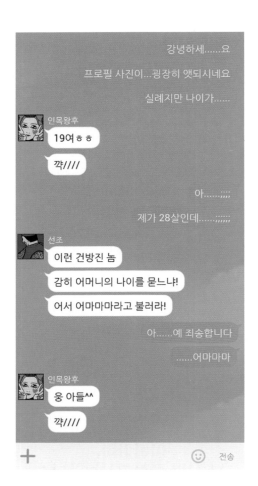

젊고 예쁜, 19세의 새어머니.
아니나 다를까,

**결코 있어서는
안 될 일이 일어났다.**

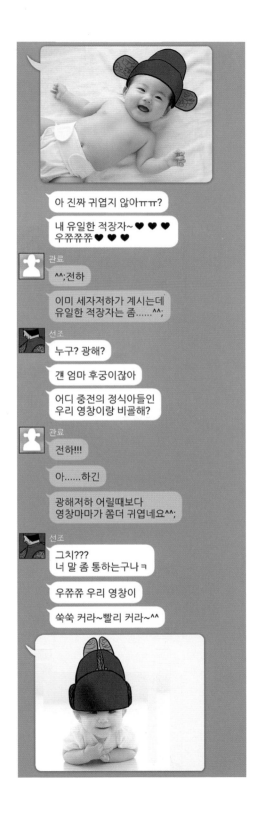

크면 아빠가 좋은거 시켜줄게?

＋   ☺ 전송

원망스러웠다.
다들 알면서.

만약 저 아이가
새로이 세자가 된다면,
과거 권력자였던 내가 결국
어떤 꼴이 될지

뻔히들 알면서!

넷이요
추국왕

하지만 운 좋게도
아바마마는 '갑자기' 돌아가셨다.
갓난쟁이는 세자가 되지 못했고,
나는 임금이 되었다.

**그러니
누가 뭐래도,**

**이제 절대
실수는 하지 않으리라.**

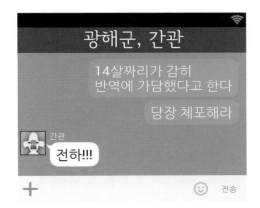

**누구도
믿지 않겠다!**

실록에 기록된 것

- '친국(특별수사, 임금이 직접 죄인을 심문하는 것)왕' 광해군, 50년간 재위한 영조에 이어 친국횟수 2위.
- 관료들, "맨날 친국 중이라 일을 못하겠다" 호소하다.
- 장령 배대유, 광해군에게 "제발 괜히 역적이라고 몰아붙여 친국하시는 것 좀 그만하시라" 상소하다.
- 1602년, "광해군을 정식 세자 책봉하자"는 청이 올라오자 선조, "나 새 장가 가라는 말은 왜 안 하냐?"며 반대하다.
- 51세 선조, 19세 인목왕후와 결혼하다. 당시 광해군 28세.
- 인목왕후, 영창대군 낳다. 선조, 몹시 예뻐하다. 어린 영창대군에게 노비를 400명 가까이 내려주는데, 예에 따르면 대군에게는 노비를 100명, 왕자와 옹주에게는 70명까지 줄 수 있었다. 연산군도 아들 창녕대군에게는 100명밖에 못 줬다.
- 선조의 눈치를 본 관료 일부, 영창대군을 차기 세자로 밀다.
- 선조, 급사하다. 광해군, 왕위에 오르다.
- 관료들, 반역 관계자로 끌려온 14세 소년 득명에게 "15세 이하에겐 형틀을 씌울 수 없다"고 하다. 그러나 광해군, "그 놈의 말은 믿을 수 없다"며 반대하다.

참고

- 인목대비는 죽어서 붙은 시호이다. 살아서는 '소성대비'라고 불렸다.

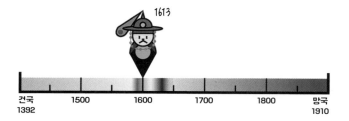

1613

건국 1392　　1500　　1600　　1700　　1800　　망국 1910

폐모살제

실록 돋보기

폐모살제廢母殺弟는 어머니를 폐하고 동생을 죽였다는 뜻이다. 그리고 이것은 광해군이 쫓겨나는 데 가장 큰 명분으로 작용했다. 광해군의 실책은 여러 가지가 있었지만 그중에서도 최악으로 꼽히는 것이 폐모살제였다. 유교의 나라라서 그렇다고만 하기에는 "해도 너무했다"는 것이 전반적인 평가이다.

이를테면 형 임해군이 죽은 것은 별 문제가 되지 않았다. 광해군과 같은 아버지, 같은 어머니에게서 태어났음에도 양식 있는 신하들마저 임해군의 처형에는 찬성했다. 임해군은 그만큼 '막장'인 왕자였다.

하지만 폐모살제의 빌미가 된 칠서의 난, 또는 계축옥사라 불리는 이 일은 누가 봐도 억지가 심했다. 이 일의 시작은 이렇다. 서자들 일곱이 모여 장사를 하려다가 대차게 말아먹고 살인강도로 업종 변경을 했는데, 그러다 붙잡힌 혐의자가 뜬금없이 역모를 꾸몄다고 실토한 것이다. 진짜 역모 모의를 했다기에는 너무 갑작스럽고 어설펐지만, 광해군 정권은 이것을 인목왕후의 아버지 김제남이 연루된 어마어마한 역모로 만들었다. 명분은 어설펐지만 처벌은 확실했다. 김제남은 사약을 받고 영창대군은 폐서인되어 강화도로 귀양을 떠났으며 얼마 지나지 않아 여덟 살의 나이로 죽었다.

이 죽음에는 온갖 이야기가 전하고 있다. 방에 가둬놓고 뜨겁게 군불을 때서 죽였다, 반대로 냉방에 가두어 얼려 죽였다, 양잿물을 먹였다, 굶겨 죽였다 등등. 어떻게 죽었는지 알 수 없으나 아무튼 그 배후에 광해군의 의중이 있었던 것은 분명하다.

그 다음 표적은 인목왕후, 즉 광해군의 새엄마였다. 역적의 딸이자 어머니를 어떻게 대비로 둘 수 있겠느냐는 여론이 일어났다. 물론 광해군을 지지하는 대북을 중심으로 나온 말이었다. 그러나 반발이 만만치 않았다. 영창대군을 귀양 보낼 때부터 많은 반대가 있었다. 원래 광해군을 따랐던 신하들마저 하나둘 이건 좀 아니라는 의견을 냈으니, 반대한 사람 중에는 대북의 우두머리인 정인홍까지 있었다.

그러나 그들의 의견에는 매몰찬 철퇴가 내려졌다. 임진왜란 때 분조의 병조판서로 일했던 이항복은 역적이니 뭐니 온갖 찬란한 욕설을 들으며 북청으로 귀양을 가게 되었고, 한음 이덕형은 이미 그 전에 화병으로 세상을 떠났다. 의병장 곽재우도 반대했다가 죽을 고비를 넘겼으며 이원익도 귀양살이 신세가 되었다. 신흠을 비롯한 서인들도 내쳐졌다. 이렇게 되니 광해군의 조정 안에 남아 있는 사람은 오로지 대북과 그들이 하는 말을 고스란히 읊어대는 패거리뿐이었다. 인목왕후 폐위와 관련해 여론조사를 벌이자 폐위를 지지하는 의견이 압도적으로 많았던 것도 그 까닭에서였을 것이다. 광해군은 정식으로 인목왕후를 폐하진 않았지만 서궁(경운궁)에 유폐해 사실상 찬밥 신세로 만들었다.

굳이 광해군의 편에서 변명을 하자면, 현실적으로 영창대군이 성장하면 반란의 명분으로 이용될 가능성은 충분히 있었다. 하지만 단순히 정치적 입지를 다지기 위해 조작된 옥사를 억지로 밀고 나갔을 것 같지는 않다. 광해군을 잔인하게 만든 것은 그동안의 지독한 마음고생이 아니었을까? 아버지의 사랑을 빼앗고 자신의 입지를 뒤흔들었던 새어머니와 동생이 죽고 싶을 만큼 밉고, 그만큼 불안했을 것이다.

하지만 그것은 어디까지나 인간으로서 감정적 이해를 구할 수 있는 영역일 뿐, 윤리적인 일이 아니며 한 나라의 임금에게 용납되는 행동은 더더욱 아니다. 어머니와 동생을 제거한 광해군은 마침내 자신을 지지했던 대북마저도 쳐내려고 했다. 이처럼 자신이 원하는 바를 이루기 위해 수단 방법을 가리지 않았던 그를 기다린 결말은 패륜아라는 낙인과 반정이었다.

33

광해군의 고질병

하나요 끄응

임진왜란 때,
못 먹고 다닌 탓일까?

아니면…… 끔찍한 전쟁을
너무 오래 본 탓일까.

광해군, 간관

간관
전하, 저 간관입니다.

간관
정말 심각합니다.
제발 말좀 좀 들어주세요.

삐꾹

나 광해군,

눈앞이
잘 안 보인다.

광해군, 간관

미안ㄴ,눈병이 도져서.
효도폰으로 바꿨소

무슨 일인데?

간관
궁궐들 다시 짓는 것
멈추세요

나라 망합니다

무슨 허튼ㄴ 소리요

전쟁때 궁궐들
죄 불타버렷ㅅ잖소

아니면 나 이 위에서 잘까?

간관
국고 텅텅 비었어요!

명나라에 파병도 해서
가뜩이나 거진데...

백성들이 못견딥니다
당장 멈추셔야 해요

집이 깔끔해야
재물복도 들어오는거요.

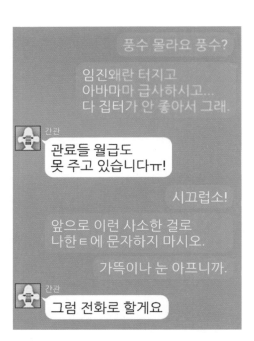

싸이코 아냐?

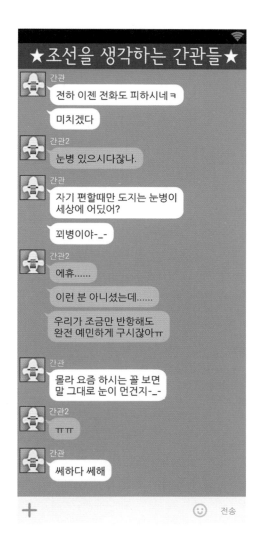

★조선을 생각하는 간관들★

간관
전하 이젠 전화도 피하시네ㅋ

미치겠다

간관2
눈병 있으시다잖나.

간관
자기 편할때만 도지는 눈병이
세상에 어딨어?

꾀병이야-_-

간관2
에휴......

이런 분 아니셨는데......

우리가 조금만 반항해도
완전 예민하게 구시잖아ㅠ

간관
몰라 요즘 하시는 꼴 보면
말 그대로 눈이 먼건지-_-

간관2
ㅠㅠ

간관
쎄하다 쎄해

\+   ☺ 전송

임진왜란의 영웅
광해군,

결국 10년 뒤 폐위당하다.

그리하였다고 한다.

끝.

정사 正史

실록에 기록된 것

- 광해군, 눈병을 심하게 앓다.
- 광해군, 선조가 죽고 즉위한 직후 궁궐터가 안 좋아 나쁜 일들이 생긴다며 대공사를 명하다.
- 공사 비용이 부족해지자 관직을 돈 받고 팔거나 돌과 나무, 기와를 바치면 벼슬을 주다.
- 관리들, 공사를 중단하라고 항의하다.
- 광해군, 눈병이 심하니 사소한 일들은 자신에게 일일이 보고하지 말라고 하다. 어느 관료 말하길, "싫은 소리 나오면 꼭 눈병 핑계 대더라."
- 광해군, 1623년 폐위당하다.

픽션

기록에 없는 것

- 광해군이 효도폰을 썼다는 기록은 없다.

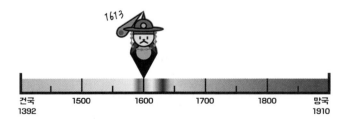

1613

건국 1392   1500   1600   1700   1800   망국 1910

『광해군일기』에 남은 폭군의 궤적

『광해군일기』는 500년 역사를 기록한 방대한 『조선왕조실록』에서 단 두 개뿐인 쫓겨난 왕의 기록이다. 그러므로 이 일기가 작성된 때는 그를 쫓아낸 인조의 통치 기간이다. 당연히 광해군을 마구 욕하고 비난하기 위해 과장된 조작 기록이 있을 것 같다. 실제로 이 기록에 나타나는 광해군의 모습은 그리 바람직하지 못하다.

하지만 실록이 그리 조작하기 쉬운 기록이 아니라는 것을 기억해야 한다. "광해군이 호화 건물을 세우고 비싼 음식만 먹었다"라는 기술만 달랑 있다면 조작이라 여길 여지가 있다. 하지만 "몇 월 며칠 광해군이 어디에 궁궐을 세우라 시켰다. 호조의 아무개가 A라고 반대했고, 왕은 B라고 답했다." 라는 식의 기록이 차곡차곡 쌓여 있다면 이것을 몽땅 조작이라고 하기는 쉽지 않다. 임금과 신하 사이의 대화를, 앞뒤 얼개가 딱딱 맞도록 모조리 조작한다는 것이 가능할까? 광해군은 굳이 실록 조작을 할 필요가 없을 만큼 문제가 많은 임금이었다.

먼저 그는 궁궐 건설에 열성적이었다. 임진왜란 때문에 여기저기가 불탔으니 수리가 필요하기는 했다. 하지만 그것도 사정을 보아가며 할 일. 광해군은 종묘를 다시 짓고 창덕궁을 고쳤으며 경덕궁(경희궁)에 인덕궁을 지었는데, 이 궁궐들은 이전 궁궐들보다 훨씬 크고 호화로운 것이었으며 당연히 갓 전쟁을 끝낸 나라에서 그만한 돈이 있을 리 없었다. 호조에서 더 끌어다 쓸 돈이 없다고 애원해도 공사는 강행되었고, 그 비용을 조달하기 위해 벼슬을 돈 받고 팔았으며 백성들을 한 계까지 쥐어짰다.

거기서 끝이 아니었다. 광해군은 군사들을 대거 국경으로 보냈다. 신하들이 도성을 지킬 병사가 없다고 반대해도 듣지 않았다. 임진왜란에 대한 트라우마 때문이라고 해도 군사력의 쏠림이 지나쳤다. 무리한 토목 공사와 전쟁 비용 투자. 나라를 거덜 내는 기본을 세트로 갖췄으니 그 자체로 이미 폭군이다. 정부 재정은 파탄이 나고, 당장 신하들에게 줄 급료와 군사들에게 줄 군량이 없다는 보고가 몇 번씩 올라왔다. 그런데도 궁궐은 계속 지어졌다. 군량미가 궁궐 짓는 공사 기금으로 쓰이고, 나라를 지켜야 할 군선은 궁궐 짓는 목재를 나르는 데 쓰였다.

재정 경영에 이어 정치도 문제였다. 『광해군일기』에는 무수한 옥사가 기록되어 있다. 이는 태평한 시대에도 얼마든지 있었던 일이라 옥사가 있었다는 자체를 문제 삼을 수는 없다. 그런데 광해군에게는 좋지 않은 버릇이 하나 있었으니, 역적들을 고문하는 국문장에 꼭 직접 나가서 지켜보았다는 것이다. 심지어 감기에 걸려서 앓고 있는 와중에도 국문장 가는 것은 빼먹지 않았다. 『광해군일기』에 따르면 그가 왕으로 있는 동안 무려 200번 넘게 직접 국문을 했고, 임금이 국문을 볼 때는 당연히 신하들도 모두 참석해야 했다. 이러느라 나랏일에 몰두할 시간이 없었고, 광해군은 연산군보다도 더 적게 경연에 참석하는 대기록을 달성했다. "큰 옥사가 있으니 경연을 할 수 없다!" 광해군은 이렇게 말하고는 했다.

이런 기록들은 모두 광해군을 몰아낸 서인들의 조작이라고 생각하면 쉽고 간단해지기는 한다. 하지만 매일매일 그득하게 쌓인 15년 동안의 기록을 모두 조작이라 치부할 수 있을까?

『광해군일기』를 읽다 보면 한 가지 의문이 떠오른다. 임진왜란 때의 총명하던 세자는 어디로 가버린 것일까? 그는 왜 전쟁에 시달린 백성들을 가장 먼저 보듬지 않았던 것일까? 그는 궁궐을 짓는 대신 그 돈으로 백성들에게 먹을 것을 나눠줄 수도 있었고 세금을 줄여줄 수도 있었다. 무엇보다 가장 먼저 전국의 토지대장을 확인해 전쟁 피해 및 농업 생산량을 파악해야 했지만 그러는 대신 공명첩을 발행해 벼슬을 팔아댔고, 백성들의 부담을 줄여주는 대동법을 반대했다.

왜 그랬을까? 전란을 겪으며 타인을 믿을 수 없어졌기 때문일 수도, 험난한 전쟁 경험과 아버지를 비롯한 가족들의 괴롭힘 때문에 정신적인 상처를 입었기 때문일 수도 있다. 그러나 이것은 변명은 될지언정 잘못된 행위를 정당화해 줄 수는 없다.

광해군   말도 안 돼

능양군   모든 걸 엎겠어

하나요

평소처럼

지금도 기억한다.
딱히, 별다른 징조는 없었다.

[15대 광해군]

그저 평소와 같은 나날이었는데.

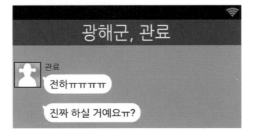

광해군, 관료

관료
전하ㅠㅠㅠㅠ

진짜 하실 거예요ㅠ?

광해군

그래

유배보내

관료

ㅠㅠ능창군은 전하 조카잖아요……
진짜 역모 꾸몄단 증거도 없는데;

ㅎ내가 예외 둔 적 있나?

아니 땐 굴뚝에 연기 안 나
이름 거론된 거 자체가 죄야

유배보내

관료

ㅠㅠㅠㅠㅠㅠ

그 얘긴 이제 됐고.
명나라한테선 연락 왔나?

관료

아;;;;;예;;;;;;;

후금……이 아니라;
청나라랑 싸우느라 죽겠답니다

지원병 좀 더 보내달라는데요;;;

-_-됐어

지난번에 보내준거면 됐지
더 이상 뭘 어쩌라는 거?

우리 돈 없어 안된다고 해

관료

ㅠㅠㅠㅠㅠ그래도 명나라가
임진왜란때 저희 도와준
은인인데;;;;;;;;

줄 만큼 줬고
은혜 갚을 만큼 갚았어

그리고 명나라랑 너무 친하게 놀면
청나라가 질투할걸ㅎㅎ?

굳이 청이랑 원수 될 거 없잖아

관료

전하;;;;;;;;;;;;;

똑똑하게 살아 똑똑하게ㅎ
의리, 인정에 빌빌대지 말고.

ㅇㅋ?

\+ ☺ 전송

의심하고, 계산하고,
쉽사리 믿지 않고.

늘상 하던 대로 잘했는데,
왜……

'이렇게' 된 거지???

둘이요
광해군의 조카

유배당한 능창군의 큰형,
능양군의 집.

[능양군 이종(28세)]

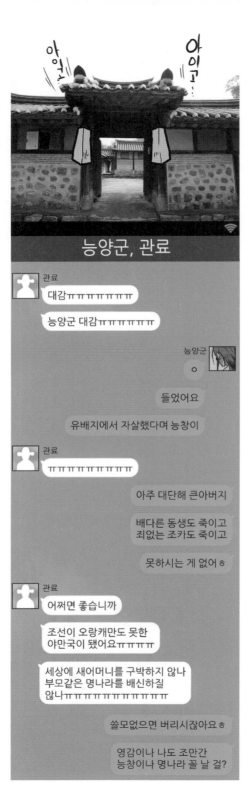

능양군, 관료

관료
대감ㅠㅠㅠㅠㅠㅠㅠ

능양군 대감ㅠㅠㅠㅠㅠㅠㅠ

능양군
ㅇ

들었어요

유배지에서 자살했다며 능창이

관료
ㅠㅠㅠㅠㅠㅠㅠㅠㅠㅠㅠ

아주 대단해 큰아버지

배다른 동생도 죽이고
죄없는 조카도 죽이고

못하시는 게 없어 ㅎ

관료
어쩌면 좋습니까

조선이 오랑캐만도 못한
야만국이 됐어요ㅠㅠㅠ

세상에 새어머니를 구박하지 않나
부모같은 명나라를 배신하질
않나ㅠㅠㅠㅠㅠㅠㅠ

쓸모없으면 버리시잖아요ㅎ

영감이나 나도 조만간
능창이나 명나라 꼴 날 걸?

관료
그래서 말인데요 대감

당하기 전에 칩시다

뭐?

관료
못 알아들으신 척 말고요
사실 같은 생각 하고 계시잖습니까

엎자고요

......

ㅎ

똑똑하게 살자 이거지?

셋이요 인조반정

그로부터 얼마 후,
1623년(광해 15)
음력 3월 12일.

새 메시지
능양군

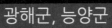

능양군

큰아버지

왜 그러셨어요ㅎ

저희 역모 미리 아셨다면서요
왜 체포 안 하셨어요?

광해군

믿었지

아닐 거라고 생각했지

내 가족이고 신하들인데

능양군

ㅎ

평소 하시던대로
칼같이 의심하시지

왜 않던 짓을 하시고 그래요

......

멍청했네 내가

능양군

ㅇㅇ네

이제 왕 아니세요

연산군 아시죠? 그 사람처럼
"군"이라고 부를게요

......

능양군

많이 바뀔 거예요 아마

명나라 열심히 도울거고요
청나라는 무시할거예요

제 신하들중에 청나라 싫어하는
사람들이 좀 많아서요ㅇㅇ

능양아

안된다

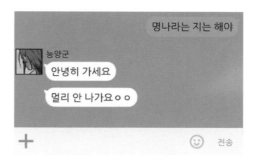

– 광해군의 조카
능창군, 역모에 연루되어
유배당하다.

– 능창군, 유배지에서 죽다.
능창군의 아비 정원군도
화병으로 죽다.

– 형 능양군,
신료들과 쿠데타 일으키다.

– 신하 집으로 피신했던
광해군, 붙잡혀 폐위당하고
강화도로 유배 가다.

**능양군, 즉위하여
16대 왕 인조가 되다.**

그리하였다고 한다.

끝.

- 광해군, 명청 교체기에 중립 외교를 펼치다. '재조지은'을 외치며 명나라에 충성을 바쳐야 한다고 주장하는 신료들, 청나라와 척을 지지 않는 광해군의 태도에 경악하다.
- 광해군, 어린 영창대군이 역모에 연루되자 멀리 유배를 보내고 인목대비를 유폐하다.
- 영창대군, 유배지에서 의문사하다.
- 선조의 5남 정원군의 아들 능창군, 역모에 연루되다. 증거가 부족했으나 유배형에 처해지다. 밥조차 제대로 받지 못하는 푸대접 속에 스스로 목숨을 끊다. 아비 정원군, 화병으로 숨지다.
- 위기를 느낀 능양군, 광해군에게 반감을 품은 서인들과 규합해 인조반정 꾀하다. 그러나 정보가 새어 광해군에게 전해지다.
- 하지만 광해군, "거짓 정보다"라며 추국을 하지 않다. 결국 인조반정 성공하다. 신하의 집에 변장하고 도망쳤던 광해군, 잡혀서 폐위당하고, 강화도로 유배 가다.
- 28세 능양군, 16대 왕 인조로 즉위하다.

- 광해군은 능양군에게 자신을 변호할 틈도 없이 순식간에 쫓겨났다.

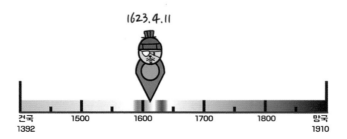

1623.4.11

건국 1392 · 1500 · 1600 · 1700 · 1800 · 망국 1910

박복한 광해군

좋고 나쁨, 옳고 그름을 떠나 조선왕조 역사상 광해군만큼 불쌍했던 임금을 고르기 힘들 정도로 그의 인생은 박복했다. 태어난 지 얼마 안 되어 어머니 공빈 김씨를 잃은 것을 시작으로, 주변 사람들은 모두 광해군을 도와주기는커녕 고생만 얹어주었다.

1. 아빠 선조

무슨 말이 더 필요할까? 광해군이 문안 인사를 드리러 가도 만나주지 않는 등 툭하면 세자 광해군의 지위를 뒤흔들었다. 선조도 바보는 아니었다. 갓 전쟁을 끝낸 혼란한 상황에서 고작 두 살짜리 영창대군을 어떻게 다음 왕으로 세울 수 있겠는가? 그러니 선조가 광해군을 대하는 태도는 그저 심술이라고밖에 생각할 수 없다. 선조가 나랏일을 제대로 생각했더라면 미리 세자를 세웠겠지만 그의 마음은 총애하는 여인을 따라 광해군에서 신성군으로, 그리고 영창대군으로 옮겨갔고 그때마다 광해군을 대놓고 구박하고 괴롭혔다. 어쩌면 선조는 죽는 순간까지 조선의 왕으로 있고 싶었던 것이 아닐까? 실제로 그는 마지막 순간까지 왕좌를 지켰지만, 그의 욕심 때문에 이후 큰 혼란이 찾아왔다.

2. 형 임해군

선조의 큰아들이자 광해군의 형. 첩을 빼앗기 위해 신하를 살해하는 등, 망나니 같은 성격 때문에 맏아들임에도 세자가 되지 못했다. 자신이 왕이 되지 못한 데 대해 공공연히 불만을 늘어놓았고, 결국 광해군이 즉위한 뒤 곧장 유배되어 알 수 없는 이유로 사망하는데 광해군 혹은 이이첨이 죽였다는 소문이 파다했다.

3. 새엄마 인목왕후 & 동생 영창대군

선조는 54세의 나이에 첫 적자 영창대군을 얻는다. 영창대군과 광해군의 나이 차이는 무려 31세. 광해군의 아들이 영창대군보다 나이가 많을 정도였다. 게다가 광해군은 전쟁 때 분조를 이끌었고, 10년 넘게 세자로서 나랏일에 잔뼈가 굵었다. 그럼에도 선조는 영창대군을 이용해 광해군을 괴롭혔고, 영창대군을 다음 왕으로 앉히려고 했던 신하는 선조의 유언장을 숨기기까지 했다. 안타깝게도 영창대군은 태어날 때부터 불행이 예정되어 있던 존재였다.

4. 대북

임금이 되려면 지지해 줄 사람들이 필요했다. 광해군을 가장 열성적으로 지지한 당파는 대북이었다. 우두머리 정인홍은 선조에게 "그만 세자에게 왕위를 물려주시죠?"라는 직격탄을 날릴 정도였으니까. 문제는 대북의 싸움꾼 정신. 그들은 임진왜란 때 의병을 일으켜 싸울 정도로 용맹했으나 타협을 해야 할 순간에도 싸우기만 했다. 경쟁자는 무조건 제거해야 직성이 풀리는 사람들이었고, 때문에 광해군이 다스리던 시기는 피 튀기는 옥사와 숙청이 판을 쳤다. 결국 대북을 제외한 모든 당파가 등을 돌려 반정이 벌어진다. 이후 북인들은 씨가 말랐으며, 당쟁은 서인과 남인의 대립 구도로 이어지게 된다.

5. 명나라

명나라는 내내 큰아들이 아니라는 이유로 광해군의 세자 책봉을 정식으로 인준해 주지 않았다. 선조는 이걸 빌미로 광해군에게 "세자 책봉도 못 받았는데 무슨 세자냐?"란 폭언을 퍼붓고는 했다. 훗날 광해군이 망해가는 명나라에게 굳이 의리를 지키지 않은 이유를 짐작할 수 있다.

이쯤 되면 총체적 난국이다. 기댈 곳 하나 없는 광해군이 망가진 것은 어쩌면 당연한 게 아니었을까? 광해군은 이 모든 어려움을 이겨내고 훌륭한 임금이 되었습니다, 라는 이야기로 끝났다면 좋았을 테지만 안타깝게도 모든 이들의 기대를 모으던 세자는 결국 신하들의 손에 쫓겨나는 폭군으로 인생을 마쳤다. 조선왕조실록

웹툰 〈조선왕조실톡〉 Staff

기획/총괄프로듀서 | 윤인완
글/그림 | 무적핑크

YLAB
프로듀서 | 윤인완
제작총괄 | 윤지영
책임편집 | 성미나
디자인편집 | 정윤하
도움 | 장보람 호평 이현정 오세정 이수지 이신애
윤인석 이지용 이창욱

NAVER
책임총괄 | 김준구
담당편집 | 박종건 이승훈

온라인 배급 | NAVER WEBTOON
제작 | YLAB

2 조선 패밀리의 활극

초판 1쇄 발행 2015년 12월 17일 **초판 33쇄 발행** 2024년 7월 12일

지은이 무적핑크
펴낸이 최순영

출판1 본부장 한수미
컬처 팀장 박혜미
기획 YLAB
해설 이한
디자인 designgroup all

펴낸곳 ㈜위즈덤하우스 **출판등록** 2000년 5월 23일 제13-1071호
주소 서울특별시 마포구 양화로 19 합정오피스빌딩 17층
전화 02) 2179-5600 **홈페이지** www.wisdomhouse.co.kr

ISBN 979-11-86940-02-0 04910
      979-11-954340-6-0 (세트)